TABLETTES

D'UNE FEMME

PENDANT LA COMMUNE

TABLETTES

D'UNE FEMME

PENDANT LA COMMUNE

PAR

Mme A.-M. BLANCHECOTTE

PARIS

LIBRAIRIE ACADÉMIQUE

DIDIER ET Cie, LIBRAIRES-ÉDITEURS,

QUAI DES AUGUSTINS, 35.

—

1872

Réserve de tous droits.

INTRODUCTION

Comme autrefois, durant la guerre, ma croix d'ambulance me donnait accès à travers les rangs ennemis, laissant passage à la charité universelle et neutre, ma pensée arbore, elle aussi, aujourd'hui, la croix rouge d'ambulance, ma pensée revendique son privilége·de neutre : *laissez passer la pensée d'une femme. En ces temps bouleversés et troublés, les opinions sont un champ de bataille, l'humanité est une grande malade, la vie n'est qu'une sombre ambulance, des divisions infinies séparent les esprits blessés, la passion aveugle les vainqueurs, la haine pervertit les vaincus, place, dis-je. à la parole neutre, sereine, pacificatrice, place au drapeau parlementaire !*

La meilleure condition pour juger d'un spectacle, c'est de n'en point faire partie, c'est d'être absolument désintéressé dans l'action qui se joue. La Commune ne saurait être jugée impartialement ni par ses adversaires, ni par ses amis. Les premiers avaient à défendre le pays, les autres à défendre leurs personnes. Le calme n'était possible ni à ceux-ci, ni à ceux-là. J'ajoute que les gens de la Commune, moins que personne, pourraient parler en dernier lieu de la physionomie des choses, des scènes définitives de la représentation communale. Hormis ceux qui se sont fait tuer et qui, naturellement, n'ont rien pu dire, les autres n'ont littéralement rien vu de l'entrée des troupes ni de la victoire de Versailles, occupés qu'ils étaient à se cacher profondément ou à s'enfuir à toute vitesse.

Cette période, à jamais sinistre, a eu ses historiens militaires, elle aura ses historiens politiques. Mes Tablettes n'ont aucune prétention d'aucun genre; elles représentent l'aspect d'une ville, comme la photographie reproduit ses ruines.

Les scènes que je retrace, je les ai vues; elles se sont imposées à mon observation incessante : ce sont de vifs détails d'intérieur, de rapides analyses détachées, tandis qu'à grands traits des plumes autorisées ont saisi les lignes d'ensemble, les perspectives principales, la synthèse.

Ne voyant rien qu'au point de vue humain, revêtue de ma prérogative de femme bienheureusement dispensée de drapeau et de politique, c'est l'éternelle étude humaine qui s'est poursuivie dans ma pensée parmi ce chaos de tant de folies, au travers de tant de massacres.

Ces notes ne s'arrêtent point à la chute de l'insurrection, je les ai continuées un mois après la défaite de Paris. C'est que tout n'était pas fini après la semaine de mai. La vibration du canon durait encore dans les oreilles, l'ébranlement des esprits ne s'apaisait point, l'accablement de la ville morte persistait malgré le réveil des consciences arrachées aux torpeurs récentes.

Telle, après l'incendie, la maison brûle encore; la convalescence d'un malade est timide, effarée et ne reprend que peu à peu la sensation et la certitude de la vie.

J'ai écrit mon livre neutre au bruit des mitrailleuses, sous le feu des fusillades, à l'éclair des bombes, en plein danger personnel, et je le dédie au désarmement des esprits, à la paix, à l'union, à la concorde, à la guérison des partis et, s'il est possible, à l'entente publique, au sens commun.

Je m'inquiète peu de plaire ou de ne pas plaire; les bravos des uns, les sifflets des autres — selon le vent qui souffle — n'effleurent que peu le bouclier de l'âme. La pratique de la vérité comporte avec elle, Dieu soit loué! la joie de la dignité, la beauté du devoir rempli, la suprême indifférence du reste.

Je l'ai dit et redit avec béatitude tout le long de ma vie : Quel bonheur de n'être rien, c'est-à-dire de n'être que femme, de pouvoir, comme les enfants traités sans conséquence, penser tout et le penser tout haut, ignorer tout et porter sans contradiction sa robe d'ignorance ! Quel bonheur de n'avoir rien à démêler avec le gouvernement du pays (ce difficile, si difficile maniement des esprits !), avec la lanterne magique des honneurs et de la politique !

Entendez-vous parler de complots, de conspirations, de coups d'Etat, vous osez vous écrier : Moi aussi je conspire — car vraiment la perfection n'est encore d'aucun côté en ce monde ; — je conspire pour l'avènement du bien, pour le règne du bon, pour le sceptre de la douceur, pour la couronne de la charité et de la justice, pour la dynastie de toutes les vertus clémentes et charmantes. Pendant que s'opère le désarmement des fusils, vous osez décréter le désarmement des colères !

Les petites mosaïques de ces Tablettes intimes, recueillies et récues au jour le jour, sont l'histoire d'un quartier, d'une maison, d'une barricade. Ainsi l'histoire générale se compose d'histoires particulières. Peut-être, dans la nuit profonde où nous plongeaient les événements, n'aurais-je pas réuni ces pages familières, si je n'avais aussi assisté au siége qui a précédé, provoqué, qui explique tant de choses. La fièvre cérébrale du pays ne s'est point manifestée tout de suite sous son vrai caractère. Fièvre patriotique durant le siége, elle est devenue et s'est déclarée, sous la Commune, fièvre chaude, aliénation mentale. Les esprits bourgeois de notre époque n'étaient point préparés aux émotions tumultueuses qu'allaient susciter la guerre et les défaites. L'exaltation brouilla les cervelles ; les grands exemples de villes héroïques : Moscou, Venise, Sarragosse, proposés par l'Officiel transformé en Plutarque français, éveillèrent, dans la cité vaillante, une émulation incomparable de sublime résistance, et Paris fut superbe. Mais, hélas ! le brillant et ardent pays ne devint héroïque qu'à la condition de devenir fou.

Pauvre Paris, si beau, si naïf et si grand, si admirable durant les souffrances du siége, voici qu'après les douleurs sont venus les affronts. Théâtre de la lutte sanglante, déchiré par les siens après avoir été profané deux journées, moribond au cœur désolé, ses médecins naturels l'abandonnent. Paris n'est plus la chère capitale, Paris est mis hors la loi, ou plutôt, Paris ne pouvant cesser d'être Paris, va devenir l'appât, le danger, la ville éternellement menaçante et remuante. Qu'on nous permette — en ces temps positifs — une comparaison réaliste : Paris cessant d'être paisiblement l'épouse légitime de la France, va devenir..... l'autre ! la maîtresse fascinante, provoquante, attirante, irrésistible, le fruit défendu et voulu. Les aventuriers de tous les mondes viendront y élire domicile (1).

La maison qui reste sans maîtres est la proie des valets, le rendez-vous des larrons. Paris a besoin de tutelle, mais il a besoin d'apaisement, il a faim et soif de repos et de protection. L'édifice social est à reconstruire, et ce n'est pas à distance que l'architecte peut dres-

---

(1) Une personne qui était en Amérique au moment où l'on y apprit la proclamation de la Commune racontait qu'immédiatement une multitude de gens sans aveu s'embarquèrent pour la France.

ser des plans, ce n'est pas loin du malade que le médecin peut appliquer des remèdes.

Des chefs! des chefs! nous manquons de chefs! nous voulons des chefs! Telles étaient, durant la guerre, la réclamation et la plainte unanimes.

Le peuple de l'émeute a vu quels pauvres chefs lui avait donnés la Commune! Ambitieux — presque tous — qui poussaient devant soi le troupeau et l'abandonnaient sans vergogne. « And all the while they set the populace on fire, they seemed to have little other design in the conflagration than the roasting of their own eggs (1). »

A très-peu d'exceptions près, aucun de ces maîtres improvisés n'a soutenu l'attitude de son rôle. Les procès des conseils de guerre sont, peut-être, la leçon la plus instructive que puisse recevoir le peuple. Dénégations, faiblesses, excuses, contradictions, désaveux, point de fermeté, aucun caractère, aucune individualité, nulle acceptation et revendication d'une idée, aucune affirmation ni déclaration de conduite. Ils se dérobaient tous à la

---

(1) « Et, pendant qu'ils mettaient la population en feu, ils semblaient, dans l'embrasement général, préoccupés uniquement de cuire tout doucement leurs œufs. » Bulwer. — Le règne de la Terreur; ses causes et résultats.

responsabilité de leurs actes. Est-ce ainsi que l'on a la foi, est-ce ainsi qu'on la communique?

Cette pusillanimité écœurante est peut-être ce qui a le plus dessillé les yeux des adeptes, le plus consterné les fidèles. Sans compter les délations personnelles, l'affreuse peur fermant les portes et dénonçant les fugitifs! Combien de ces derniers refusés et repoussés de tous les seuils, si largement ouverts la veille, ont été, en désespoir de cause, se constituer eux-mêmes prisonniers!

Oui, des chefs! de vrais chefs! pour que le peuple ne se laisse plus persuader au mal ni surprendre; pour qu'il sache et comprenne que la rébellion est un crime, que l'insurrection armée n'est jamais justifiable, que l'idée marche sans fusils! Des chefs, de vrais chefs! pour que l'horrible guerre civile ne soit plus chez nous jamais possible!

L'instruction est tellement la lumière qu'on peut suivre aujourd'hui l'évidence des faits. Ce ne sont pas les classes instruites qu'on entraîne, ce sont toujours et toujours les classes illettrées, les masses ignorantes!

Quand elles verront clair, elles rejetteront bien loin d'elles le chassepot fratricide; elles

refuseront les théories décevantes et ne se lais-
seront plus séduire par d'absurdes chimères
désastreuses !

O pionniers des intelligences ! ouvriers de la
vigne du Seigneur ! défrichez les esprits, rani-
mez la foi religieuse, ressuscitez dans les consciences l'honneur et le vieil idéal, faites que
le goût du beau leur vienne, que la soif de la
vérité les attire, cultivez le sens commun, pré-
parez le désir de l'étude, alors point ne sera
besoin de loi pour envoyer les enfants à l'école,
les parents voudront y aller eux-mêmes !

Vous ne referez pas le monde, nous dit-on à
nous autres, raisonneurs obstinés. Sans doute,
nous ne le referons pas. Mais de ce que l'on
ne peut obtenir tout ce que l'on demande, pourquoi ne pas accepter le peu qu'on nous accorde ?
Ce qu'on ne peut faire ni tenter en grand, il
faut l'essayer en petit, ne pas dédaigner les
conquêtes modestes. Ne serait-ce pas déjà un
succès précieux que d'aider à ce que les bons —
parmi le peuple — ne soient pas confondus avec
les mauvais ; que les timides et les faibles ne
soient pas entraînés et dépravés par les audacieux et les criminels ? De ce qu'un chirurgien
ne peut pas sauver tout son monde, s'ensuit-il

qu'il doive renoncer aux cas isolés de guérisons particulières ?

93 a marqué la révolte de la bourgeoisie contre la noblesse ; 71 a signalé la révolte du prolétariat contre la bourgeoisie. Les moralistes n'ignorent pas où gît la fêlure des cerveaux ; ils ont suivi les évolutions populaires ; ils peuvent et doivent — en tenant compte des aspirations et améliorations légitimes — démasquer l'utopie fallacieuse ou perfide. L'humanité n'est pas faite d'une pièce. S'il n'est jamais permis d'espérer à outrance, il est défendu de désespérer sans ressource !

En avant ! en avant ! Pas de **De profundis** pour le cher pays parisien, pas de drap mortuaire pour la noble et belle France ! Regardons-nous en face, expliquons-nous en face, comprenons-nous, réconcilions-nous, pardonnons-nous !

Sursum corda !

Paris, 15 Décembre 1871.

A.-M. BLANCHECOTTE.

TABLETTES

D'UNE FEMME

PENDANT LA COMMUNE

Paris, le samedi 11 mars 1871.

Le gouvernement des buttes. — C'est ainsi que plaisamment on appela le gouvernement qui, prenant sa source aux buttes Montmartre, passa par l'Hôtel-de-Ville et expira aux buttes Chaumont. Qui ne se rappelle, aux derniers jours de février, au moment, hélas! de l'imminente entrée prussienne, les étranges cortéges rencontrés rue de Rivoli, lesquels (singulière vision!) entraînaient au pas de course des canons et des mitrailleuses? Hommes du peuple, femmes, enfants, toute une population chantante attelée à des pièces d'artillerie les emmenait en triomphe et les sauvait ainsi des parcs découverts, —peu sûrs, selon eux, — où l'ennemi victorieux et audacieux eût pu les prendre.

Ce jeu, — car tout devient jeu pour le peuple de Paris, — était fort du goût des gamins et des désœuvrés. Après les processions patriotiques — hommes et canons — autour de l'inévitable Bastille, vint la parade des canons gardés à vue, ces mêmes canons qu'on avait enlevés et ensuite transportés jusque sur les hauteurs de Montmartre.

Personne, jusqu'ici, ne s'était occupé de ce déplacement. Aucun homme sérieux n'avait pris la peine de faire observer au peuple ombrageux que les canons ne cessaient point de lui appartenir parce qu'ils appartenaient à la nation et devaient rentrer dans les arsenaux.

On laissa prendre à cette parodie les proportions d'une révolte armée; les bataillons de Belleville, organisés en jalouses sentinelles, firent de Montmartre une menaçante forteresse et considérèrent comme leur propriété particulière les batteries que, de leur propre autorité, ils y avaient rassemblées et installées.

Pour le peuple à impressions courtes, faites d'images et non d'idées, le temps était trop proche, la sensation trop récente, des dernières souscriptions du siége, des dernières offrandes nationales où l'obole du pauvre s'était empressée et multipliée jusqu'au dernier sou, jusqu'au dernier anneau de cuivre pour la fonte de canons, hélas ! aussi décevants qu'inutiles !

Dimanche, 12 mars. — Une animation extraordinaire règne, ce soir, dans mon quartier : les cafés du boulevard Saint-Michel retentissent de discussions. La légende des canons de Montmartre prend de jour en jour plus de consistance. Certains bataillons de garde nationale veulent et prétendent avoir sauvé ainsi quelques pauvres bribes de la patrie. A onze heures, une bande compacte de jeunes gens passe dans ma rue en chantant avec une émotion très-vive :

> « La République n'est pas morte,
> « Nous renaîtrons ! »

Les passants font cortége et répètent en chœur ce refrain, les fenêtres s'ouvrent, des voix d'étudiants répondent aux chants de la rue, c'est une vraie manifestation, bientôt illuminée de torches.....

BRUXELLES. — *Dimanche matin, 19 mars 1871.*— Il fait un temps délicieux, le chaud soleil du printemps réjouit les blanches maisons de la ville et réveille le vieil espoir dans les cœurs les plus tristes. Le ciel magnifique verse sa paix sur ce petit morceau de terre que les géographes nomment « Bruxelles » et que j'appelle mon « home », les jours de mes courses belges.

Allons au Jardin zoologique! les animaux sont une si douce chose naturelle — même ceux censément féroces — et j'aime tant faire amitié avec eux! Eux seuls, dans cette vie lugubre, m'ont consolée des décevants amis. Bien! la séve monte aux arbres, les bourgeons se gonflent, une fraîche odeur de verdure — pressentiment d'avril — dilate et fortifie nos oppressées poitrines. Quelle riche couleur ont les heureux oiseaux! Quel

contentement dans leur frémissement d'ailes!
Mon Dieu! faites-moi la grâce de vivre
un jour dans quelque cottage avec un bon
chien, un beau chat, de chères petites poules,
un âne familier et de libres oiseaux plein
l'air et plein l'espace, au-dessus de grands
bois voisins!

Mais trève à ces bucoliques! ma visite, ce
matin, est une visite sérieuse; me voici face
à face avec l'ours, que dis-je! avec l'ours?
avec un ours, deux ours, trois ours, quatre ours : deux sont blancs, deux sont fauves. Ils répondent à mes politesses par des
coquetteries qui, pour être sauvages, n'en
sont pas moins charmantes. Leur double
maison mitoyenne est vaste, leur double
fosse, somptueuse; un grand arbre, dans chacune d'elles, se prête à leur gymnastique audacieuse; un bassin — presque un étang —
est leur voluptueuse baignoire. Leurs jeux
de tête, leurs poses allongées, nonchalantes,
caressantes, me donnent une fois de plus le
spectacle de la grâce dans la force, de la
beauté inhérente à toute forme de l'être. Rien
n'est discordant, rien n'est heurté dans ces

mouvements surprenants de souplesse. Ours, mon ami, j'aimerais mieux pour toi les solitudes farouches, les antres inaccessibles, les espaces illimités ; mais, même ici, ours Martin, dans cette artificielle demeure, tu es beau, malgré les geôliers ; oui, même ici, dans ces conditions opprimées et restreintes, tu me plais et tu m'intéresses.

Et tandis que je rêve à cette puissante beauté des choses, à cette perfection accomplie des œuvres de la nature, — quel que soit le degré de l'échelle d'où je la contemple : lion ou gazelle, — ce même matin et à cette même heure de ma promenade songeuse, là-bas, à Paris, les hommes, plus insociables que les bêtes se déchaînent, se menacent, se mesurent, se fusillent ; un vertige de sang leur monte à la face, ils ne respirent plus que la haine. Une révolution nouvelle a éclaté dans Paris, Paris, ce brûlant cratère d'où sort éternellement l'incendie. Les hommes, vis-à-vis d'autres hommes, leurs voisins, leurs compatriotes, leurs camarades s'arment, pleins de colère. Le gouvernement actuel comptait un mois déjà, il est vieux, usé, honni, bon à jeter au panier. Les vieilles rancunes font explosion, les convoitises s'allument, le drapeau national change de couleur, les mairies, les ministères, les administrations publiques sont balayées; l'Hôtel-de-Ville — Tuileries des jours d'émeutes — s'emplit de nouvelles figures. Vite des barricades sur les quais, sur les ponts, sur les places! Vite des canons! la ville tout entière dans la rue! Peuple souverain, voici l'heure!

LA COMMUNE EST NOMMÉE.

Et il y a de braves cœurs sous ces blouses; il y a, ô démence! d'honnêtes pères de famille dodelinant des berceaux à travers ces rudes révoltés, dans les rangs de ces hordes sauvages. Certaines réformes qu'ils réclament ont leur raison d'être, plus tard, quand on pourra parler, quand on pourra s'entendre. Oui, la guerre a tout bouleversé; oui, il y a beaucoup à refaire. Mais le peuple inflammable de Paris est impatient; ce qu'il entrevoit, il le veut; pas d'attente quand il s'insurge. Il ne remonte pas aux causes de la misère publique; il ne reconnaît que les eflets dont il souffre; il s'acharne dans ses hallucinations après d'imaginaires coupables. Et la procédure est sommaire : A mort! à mort! Celui-là était un acclamé hier; mais il n'a pas réussi dans son mandat, il a perdu, les événements ont été plus forts que lui : A mort! à mort! Nous avons vu défiler tous ces jugements des places publiques; nous avons entendu crier les *révélations Rouher*, le *dossier Jules Favre*, le *procès Trochu*, nous ne manquerons pas d'avoir la *condamnation Thiers*... Le gamin de Paris est facilement saisi d'une folie furieuse; les idées, pour lui, disparaissent; il ne voit guère que les personnes. Demain il se laissera de nouveau museler comme un chien, mener comme un mouton; mais aujourd'hui, sentinelles, prenez garde à vous! A mort! à mort!

Une fois de plus me revient en pensée ce passage d'une lettre amie : « *Insignifiance de la vie ....* »

Oui, à voir jouer ce jeu sanglant, à se trouver dans ce duel d'hommes, on perd, sur l'importance de la mort, la grave idée qu'on s'était faite. Une fièvre s'empare d'un peuple, et voici les enfants d'une même ville qui jouent aux quilles avec leurs os ; c'est à qui abattra les autres ; ils sont pris d'une joie féroce à voir en tas tomber leurs frères. La vie, cette force de la nature, passe, inconsciemment peut-être, par des convulsions où les hommes, choses accessoires, éclatent comme des machines. Les grandes lois de l'univers n'en sont que peu troublées, peut-être, et des moissons nouvelles surgiront luxuriantes de cet engrais.....

Soir du même jour. — Ce soir, l'antithèse est plus ironique et plus saisissante encore. Au grand calme de ce matin, dans la ville ensoleillée, a succédé, ce soir, sous un commencement de lune pâle, une agitation vertigineuse. C'est aujourd'hui la mi-carême, et la Belgique n'a point les raisons de la France pour se priver de mascarades. La Folie agite ses grelots. C'est une foule bruyante, bariolée, débordant des rues, des places, des boulevards ; le bourgeois-artisan admire de tous ses yeux et de toute sa naïve conscience les incessants et les

bouffons cortéges. J'ai peine à passer et à re-
gagner mon gîte au travers de tant de pier-
rots...

Mais quoi! Ce n'est point un songe! la
Marseillaise ! ici! la *Marseillaise !* Oui, une
troupe de masques, garçons, filles, arlequins,
colombines, crie à tue-tête :

> Aux armes, citoyens!
> Formez vos bataillons!
> Marchons. marchons!...

La parole me manque pour dire ce que
j'éprouve; je revois — comme dans une maison de fous — les heures sombres du siége,
ma tête bourdonne, et je murmure en m'en-
fuyant ces deux vieux vers de Lamartine :

> O Tacite! tout ton génie
> Raille moins fort l'orgueil humain!

COMITÉ CENTRAL DE LA GARDE NATIONALE.

« Les habitants limitrophes des grandes
« voies de communication servant au trans-
« port des vivres pour l'alimentation de Pa-
« ris, sont invités à disposer leurs barrica-
« des de manière à laisser libre la circulation
« des piétons et voitures.

« Paris, ce 19 mars 1871.

« *Pour le Comité central,*

« Gastioni, G. Arnold,

« A. Boint. »

(Extrait d'un journal).

Ces barricades, qui ne barrent rien du tout,
ne font-elles pas rêver? Les voitures passent,
les chevaux passent, les hommes passent,
tout passe... — « Frère, on ne passe pas! »
osait dire sérieusement un apprenti d'insurrection à un autre ouvrier de même besogne,
et celui-ci passait majestueusement avec tout
un matériel de famille.....

Chère petite soupape de la sottise humaine, comme on est sûr de vous trouver partout !

Mardi matin, 21 mars. — PARIS. — « Ces Parisiens! ils vont bien ! » disait hier, sur la promenade de Lille, — sorte de bois de Boulogne du crû, — un bon bourgeois de la localité qui lisait et songeait, son journal à la main.

Une panique, une de ces grandes paniques de province dont il faut avoir vu quelque chose pour s'en faire une idée, planait de tous côtés depuis deux jours. Une circulaire de M. Thiers, adressée aux préfets et affichée dans toutes les gares, interdisait aux militaires l'entrée de la capitale.

Paris! Paris! ce mot épouvantait tout le monde; il était déjà question de tenir Paris en quarantaine, de ne plus laisser aucun train parvenir jusque-là. C'était un grand malade, pris de fièvre; il fallait éviter la contagion; un régiment avait fraternisé avec l'émeute : qu'aucun soldat n'approche désormais! L'anxiété affolait jusqu'aux locomotives; aux *civils* qui osaient demander des billets pour Paris : « Y songez-vous! » avait-on l'air de dire; « qui sait si, selon les nouvelles, nous irons aussi loin! »

Des prisonniers revenaient d'Allemagne, désolés, impatients, sombres. Quoi! défense d'entrer dans Paris! humiliés par ici! humiliés par-là! une telle guerre lugubre après une telle paix sinistre! La plupart avaient mis de côté l'uniforme; les sabres d'officiers, gaîne et lame, ballotaient dans des fourreaux de parapluies; le képi seul était maintenu, décoré de galons selon les grades. On discutait la cause probable de l'émeute; on attribuait le mécontentement de Paris à la loi — au moins maladroite — sur les échéances. J'écoutais passionnément toutes ces choses, car j'aime mon cher Paris malheureux, et je souffre quand on l'attaque. J'avais à côté de moi des généraux : j'ai su depuis leurs noms connus. Quand le train s'arrêtait, ils allaient ardemment aux nouvelles.

« Quelle est la dernière dépêche? »

— Rien de nouveau, général, rien n'est venu depuis Arras.

Les uns et les autres descendirent à Chantilly pour se diriger, de là, sur Versailles.

Moi, j'allais jusqu'au bout. Il faisait encore nuit quand nous entrâmes en gare. Point de lumières : seulement des armes, des sentinelles; il est vrai qu'elles dorment.

Les grilles sont fermées, nous sommes prisonniers. Comment faire? Les timides proposent d'attendre le jour dans les salles et de reprendre le premier train pour retourner d'où ils viennent. Les autres (je suis des autres) tiennent à rentrer chez eux. Quelques-uns se décident vite, ils escaladent les grilles : sauvés, mon Dieu! C'est une gymnastique libératrice. Mais les femmes ne peuvent user de ce moyen; faut-il donc nous abandonner toutes? Un chevalier se dévoue; il forcera le chef de gare quelconque, fidèle ou insurgé, à venir nous ouvrir les portes. Au besoin, il fera à lui tout seul une émeute. On n'y regarde plus de si près......

Cette intimidation réussit; je ne sais qui se procure les clés, nous sommes enfin délivrées.....

Trois ou quatre voitures, certainement capturées dans la récente bagarre, sont dehors,

muettes, s'imposant à prix d'or. On les prend,
coûte que coûte. L'aube se dessine, blafarde ;
la ville offre un aspect étrange ; de hautes
barricades hâtives, tumultueuses, entravent
l'abord des rues ; la place de la Bourse retentit du pas de soldats ; la rue de la Banque est
gardée sévèrement à chaque bout par des militaires. Mon véhicule subit plusieurs interrogatoires, mais passe outre. Les Halles sont
désertes de marchandises, mais déjà vivantes
et encombrées. Beaucoup, cette nuit, sont restés là ; beaucoup, cette nuit, n'ont pas dormi ;
on s'en aperçoit aux lueurs de lampes encore
toutes rouges dans les maisons.

Le Panthéon, — mon proche voisin gigantesque et terrible, — est armé de six canons,
gros calibre.

Cinq heures sonnent lorsque, enfin ! je gra-
vis mon gîte. Deux coups de canon formidables, avec un retentissement plein l'espace,
me saluent comme j'ouvre ma fenêtre. Ils me
semblent partir de Bicêtre, dans la direction
de Vincennes.....

18-21 mars. — Le lendemain de sa victoire communale, le peuple moutonnier de Paris était en fête : c'était dimanche, et il faisait beau. La population s'est payé, ce dimanche 19 mars, une manifestation *promenatoire* qui rappelait la manifestation *buissonnière* du dimanche 4 septembre. Il y aurait tout un livre à écrire sous ce titre : *De l'influence des jours de la semaine et du baromètre sur les Parisiens.*

Ce cher peuple, amoureux de changement et passionné de promenades, est le peuple le plus manifestant de la terre. Toute nouveauté lui est bonne, — quelle qu'en soit la cause, — du moment qu'il y a quelque part des tambours, des drapeaux, des trompettes, et qu'on joue au soldat.

Un étranger venant de la lune ou tombant d'une étoile et débarquant tout-à-coup sur nos principaux boulevards, aurait pu croire, ce tantôt de dimanche, au pays fabuleux de Cocagne.

Et hier, — journée historique du 18 mars, — hier, on s'assassinait, hier, on se fusillait, et le gouvernement effaré prenait la fuite.....

Entrefilet de journaux belges : « On fait courir, en ville, le bruit que des généraux auraient été fusillés par les insurgés de Paris. Nous pouvons affirmer, de la manière la plus formelle, que rien n'autorise à ajouter foi à cette nouvelle lamentable..... »

Hélas! cette nouvelle lamentable n'était que strictement vraie!

Mardi soir, 21 mars. — Me voici revenue de ma rapide course bruxelloise. Que de changements dans ces huit jours! Le gouvernement est parti, les ministères l'ont rejoint à Versailles; deux ou trois quartiers de Paris, — premier arrondissement et deuxième, — essaient de tenir bon et protestent dans la débâcle générale. Le drapeau rouge flotte à peu près partout; Lamartine n'est plus là pour protéger le drapeau tricolore. La place est vide, Paris est abandonné; je ne puis m'empêcher de croire que c'est une faute; l'émeute est maîtresse du terrain; l'anarchie remplace ce que nous voulions bien, faute de mieux, considérer comme de l'ordre : la Commune de Paris est installée à l'Hôtel-de-Ville.

Des groupes stationnent sur les places publiques, commentant les faits accomplis; des femmes s'en mêlent. L'assassinat des généraux Clément Thomas et Lecomte défraie toutes les polémiques. J'assiste, place Saint-Sulpice, à une vraie bataille de dames peu parlementaire. C'est un duel. L'une, grosse fille du peuple, joufflue, avec un énorme panier au bras, représente la démocratie : sans doute qu'un héros révolutionnaire, orateur de clubs peut-être, gît en son cœur et lui donne le *la* de ses convictions.

— « Allez-vous-en donc avec votre général, avec votre Clément Thomas, vous pouvez bien le mettre devant votre cheminée comme un Chinois de paravent, *lui qui nous a fait la rue Transnonain !!!* (Ceci, n'est-il pas vrai, est superbe !) *Ce Clément Thomas avec sa mèche à la Sylla !!!* »

— « Quand on ne sait pas un mot d'histoire et qu'on est aussi stupide, on ferait bien mieux de se taire et d'aller au marché acheter des huîtres, riposte l'autre, bourgeoise en chapeau, très-animée et très-scandalisée. Je vous dis, moi, que l'assassinat n'est pas de la politique, et que la manière de s'entendre n'est pas de commencer par se tuer ..... »

— « A l'aristocrate ! à l'exploiteuse ! » etc., etc., ceci se perdait dans les aménités de la partie adverse, tandis qu'une pauvre vieille créature, à peu près en haillons, disait entre ses dents et pleurant de ses yeux ridés tout ce qui pouvait lui rester de larmes : « La bourgeoise a pourtant raison, faut arranger tout ça *au lieurs* d'y mettre encore du sang. »

Je ne connaissais ni l'un ni l'autre de ces deux généraux, premières victimes de la fureur du peuple; mais je me rappelais, en me sauvant des groupes, ces paroles prophétiques pour lui-même, de Clément Thomas à ses visiteurs du 1er janvier, chefs de bataillons et lieutenants-colonels de la garde nationale :

— « Serrons-nous la main aujourd'hui, car beaucoup d'entre nous sont destinés à ne pas se revoir. »

Mercredi, 22 *mars.* — Manifestation de la place Vendôme. — « Assembler les hommes, c'est les émouvoir », a dit judicieusement le cardinal de Retz. Chez nous, — et peut-être chez tous les peuples du monde, — on aime trop à *manifester*. Déjà, hier, il y a eu de grandes promenades à travers Paris, sous prétexte de rétablir l'ordre. Une manifestation pour l'ordre provoque inévitablement le désordre. Se réunir, répétons-le, c'est s'enflammer.

Qui peut répondre — au lendemain surtout d'une grave émeute où le sang des victimes fume encore — qui peut répondre, dis-je, d'une grande masse d'hommes composée individuellement de tant d'éléments, j'allais dire de tant de tempéraments divers ? Des meneurs, loups perfides, intéressés au crime, ne peuvent-ils prendre l'habit de paix, revêtir le déguisement de leurs moutons ? Qui peut répondre du vent d'orage qui peut souffler ? Le flot humain est comme la mer avec son imprévu terrible : imprudence, précipitation, zèle maladroit, passion, colère, un fusil qui part, une fenêtre qui s'ouvre, rumeur subite, panique épouvantable.....

J'ai, ce matin, traversé la place Vendôme ; des gardes nationaux prenaient des ordres, des estafettes allaient et venaient incessamment de l'état-major aux différents postes ; des fusils en faisceaux tout le long de la rue de la Paix en faisaient une avenue militaire.

Grand mouvement pacifique aux alentours : une démonstration des « Amis de l'Ordre », composée de tout ce que la bourgeoisie conciliatrice avait pu réunir de citoyens sans armes, s'organisait sur les boulevards, à la hauteur du Nouvel-Opéra. Par-ci par-là, de très-rares uniformes ; pour tous insignes un petit ruban bleu attaché à la boutonnière ; et, portés comme des bannières dans une procession, des drapeaux paisibles, sans inscription pour la plupart ; quelques-uns seulement, ceux d'hier, avec cette adresse : « *Réunion des Amis de l'Ordre* », circulaient tranquillement dans la foule.

La garde nationale de l'Ordre, cette bonne bourgeoisie, issue de 1830, fidèle aux traditions de Lafayette, et sur qui les révolutions successives n'ont fait qu'une impression légère, venait honnêtement et consciencieusement proposer la concorde à l'autre garde nationale, celle de 1848, de 1871, celle du présent Comité central, qu'on appelait déjà *fédérée :* celle-ci, commandée par le général *Bergeret lui-même*, occupait l'Etat-Major de la place. La première, avons-nous dit, qui allait représenter tout le Paris disponible et manifestant, le Paris anti-révolutionnaire et conciliateur de la population raisonnable, arrivait en bourgeois, sans armes, par les boulevards, du côté du Grand-Hôtel et du Nouvel-Opéra.

Tout-à-coup une émotion indescriptible saisit la foule; il n'était guère plus d'une heure; une terreur inexprimable parcourt l'espace; les boutiques se ferment; les boulevards, en un clin d'œil, s'éclaircissent et se vident; des délégués d'ambulance se précipitent du Grand-Hôtel vers la rue de la Paix, précédés d'un parlementaire avec la croix rouge et portant des brancards; des bourgeois effarés débouchent des rues Neuve-Saint-Augustin et des Capucines : celui-ci n'a plus de chapeau, celui-là, le paletot déchiré, montre, sur sa manche, deux ou trois trous de balles. « Trahison ! trahison ! » toujours le même cri depuis le premier siége ! On a tiré sur la manifestation. Il y a de nombreuses victimes; la place Vendôme est cernée, l'alarme est partout donnée, les voitures publiques rentrent aux dépôts.

De quel côté est parti le premier coup de feu ? Est-ce traîtreusement d'une fenêtre ? Est-ce du milieu des groupes passionnés, enflammés, fous? les uns et les autres s'appelant mutuellement bandits, assassins, lâches! ces horribles invectives révolutionnaires?

Encore une fois, le sang a coulé, la guerre civile est engagée, Paris est consterné.....

Samedi, 25 mars. — L'amiral Saisset, qui commandait les gardes nationales restées fidèles, renonce à la lutte et quitte Paris. Les patriotes, groupés au quartier de la Bourse et de la Banque et qui occupaient encore la mairie du Louvre, se sentent découragés, se disent abandonnés et, n'ayant plus de chef qui les rallie, cèdent la place et laissent la partie. Les élections communales, déjà deux fois différées, ont lieu définitivement demain. La tentative conciliatrice des maires de Paris, vis-à vis de l'Assemblée, a échoué. Nous entrons dans un inconnu formidable.

Lundi soir, 27 mars. — Le jeu terrible continue : les élections communales ont eu lieu hier ; et, aujourd'hui, l'Hôtel-de-Ville est en fête. L'Assemblée nationale se montre de plus en plus offensée, et les canons restent braqués sur les places. Que dis-je ? on les renforce, on en amène encore. Et les clairons sonnent leurs appels, les tambours battent aux champs, les fanfares acclament les bataillons qui passent.

Infatigables gardes civiques! Il y en a qui, depuis soixante heures, sont sous les armes. Cette effrayante parade les amuse. Le peuple, il est vrai, ne s'en émeut guère ; les petits industriels de la rue maintiennent à même le trottoir, jusque sous les pieds des passants, l'étalage de leurs marchandises. On fait la cuisine çà et là entre deux menaçantes mitrailleuses ; voici des crêpes, voici du café. La poêle à marrons prend la revanche de l'hiver. Puis, voyez ces beaux ballons rouges! A dix-neuf sous! Qui en veut?

Je parle du théâtre même de l'action, de la place de l'Hôtel-de-Ville, rue de Rivoli. J'achète, sous la gueule d'un canon, deux oranges et, contournant une barricade faite artistement de voitures, je me heurte à un débonnaire vélocipède. A ce moment, une panique se produit, un fusil s'est déchargé tout seul, tout le monde se sauve; le vélocipède tient bon, il pirouette avec toutes ses grâces, et l'habile écuyer salue tranquillement un ami qu'il reconnaît, venant du quai, une ligne à pêcher sur l'épaule .....

Comme cette badauderie est bien plus naturelle, bien plus parisienne encore que la gymnastique féroce de l'émeute, feu croisé de fusils qui tuent !

Je songe à toutes ces choses en rentrant en biais par l'avenue Victoria. Un grand tapage s'élève, acclamations des héros du jour, et trouble tant soit peu un souper militaire qui m'intéresse et qui s'apprête, comme au camp, sur un feu de pavés, dans une petite marmite de fonte. Une vieille enseigne, que je connais bien, me fait comme d'habitude lever les yeux :

« *Repos, dimanches et fêtes.* »

Repos ! le repos n'est que sur ta façade, pauvre boutique du coin de rue. Quelle ironie qu'un mot pareil ! Quelle ironie ou quelle censure !

Un enfant, un bourrelet sur la tête, épèle près de moi ce mot railleur, fait de grandes lettres majuscules. La sentinelle qui garde les faisceaux prend un air redoutable et nous dit à tous deux : « On ne stationne pas ! »

Mardi, 28, quatre heures. — Coups de canon, salves joyeuses, triomphales, comme au jour d'une fête : de Saint-Philippe, de Saint-Napoléon, 1er mai, 29 juillet, 15 août, que sais-je ? Il fait aussi beau que si l'ex-empereur passait une grande revue. Mais, à ce tour de fortune d'aujourd'hui, ce n'est pas le canon des Invalides qui tonne, c'est celui de l'Hôtel-de-Ville. C'est, par elle-même, en grande pompe, du haut d'une estrade pavoisée, au milieu d'une foule retentissante, la proclamation de la Commune parisienne. Et les musiques lancent l'émouvante *Marseillaise,* des chœurs immenses chantent les *Girondins,* des panaches multicolores flottent au-dessus des têtes ; quelle que soit la scène qui se joue, quelle qu'en soit plus tard la redoutable issue, la foule est contente du spectacle ; la population, grisée de ces couleurs éclatantes, bat des mains......

Eh bien ! ce n'est pas une imagination, j'ai vu, de mes yeux vu, là, aujourd'hui, en pleine apothéose d'Hôtel-de-Ville, un vieux reste de drapeaux tricolores mêlés encore, devant la statue voilée de feu Henri IV, aux nombreux trophées des jeunes drapeaux rouges. Je rencontre notre poëte patriote, Auguste Barbier, qui a fait si énergiquement acte de citoyen durant le siége et ce commencement d'émeute; je lui dis mes remarques sur cet oubli ou cette intention de ces drapeaux contradictoires, et nous causons du temps passé; nous nous ressouvenons de Lamartine.

Le drapeau rouge, cette obstination des uns, avait commencé avant le 18 mars (la colonne de Juillet en sait quelque chose); le drapeau tricolore, cette protestation des autres, veut continuer, attestons-le, de vivre, même après la Commune.

Mercredi, 29 mars. — Paris est à plus de mille lieues de Versailles, Versailles est à plus de mille lieues de Paris; d'une ville à l'autre, c'est un nouvel hémisphère. J'ai fait aujourd'hui le voyage : je ne juge rien, je constate. J'allais voir des malades, des députés, entre autres. Un monde de pensées m'a envahie, mes visites ont été à vau-l'eau. Une vieille femme, qui m'avait suivie dès la gare peut-être, sur mon air songeur, c'est-à-dire préoccupé et sombre, m'interpelle boulevard du Roi :

« — Ah! madame! quelles nouvelles? Ah!

madame, les Parisiens sont bien coupables !
Marie-Antoinette ! »

Je regarde cette évocatrice, contemporaine,
peut-être, d'une autre révolution. Elle en est
toujours au spectre des échafauds. Ce qu'on
voit ici, là-bas, de tous côtés, au travers
des débuts sinistres, c'est donc à jamais la
guillotine !

Jeudi, 30.   Les tristesses du siége sont
recommencées ; l'administration des postes
rejoint, elle aussi ! le gouvernement disparu ;
Paris est à peu près fermé, plus de communications avec la province. Que va devenir la
maison sans maîtres ? ou plutôt qu'allons-
nous devenir avec nos nouveaux maîtres ?

Vendredi, 31 mars. — Quel est ce bruit ?
D'où vient cette fumée, que signifient ces
salves d'artillerie ? Le bombardement a-t-il
recommencé ? Mes fenêtres s'ouvrent, les
vitres volent en éclats. L'armée de Versailles
est-elle dans Paris ? Sont-ce les Prussiens qui
nous attaquent ? Quelle heure est-il ? Je re-

garde toujours l'heure, au moment des circonstances graves. Il est quatre heures moins
un quart. Je descends dans la rue à travers
des nuages de poudre. Ce tapage de canons à
toute volée est une sérénade populaire pour
fêter, à grand fracas, la pose du drapeau
rouge hissé au faîte vertigineux du Panthéon,
à la place de cette belle croix qui semblait
un *labarum* dans le ciel. Au péril de plusieurs vies, cette croix superbe qui dominait
toutes les hauteurs, qui apparaissait, les
jours de solennité religieuse, comme une
étoile de feu détachée dans l'espace, cette
croix si ailée et si fière a été sciée et abattue
par des fanatiques de la Commune, adora-
rateurs du *Rien*, aux acclamations insensées
de la foule. C'est ainsi qu'on veut aider le
pauvre à marcher dans la vie ! en lui ôtant
son aide, son appui, son confort et son sou-
tien suprêmes. Allez en haut, dit-on à son
esprit, et sous ses pieds on lui retire l'échelle.

Mais les délégués sont contents d'eux; de
nombreux bataillons pavoisés font des ronds
sur la place; des fanfares défilent autour du
Panthéon. Un des plus grands signes de
l'allégresse publique est de tourner avec des

drapeaux, des flûtes et des trombonnes autour de quelque chose.

Dimanche, 2 avril. — Aujourd'hui, commencement de l'action sérieuse ; toute la matinée, le canon ; les insurgés, commandés par Bergeret *lui-même, qui de sa personne s'était rendu à Neuilly,* ont tenté une sortie en masse et voulu essayer une trouée ; mais l'armée avait pris d'avance l'offensive. Donc, première lutte acharnée entre Versaillais et Parisiens : ceux-ci sont refoulés jusque sous les remparts : tués, blessés, affolés, en déroute, c'est un retour qui rappelle le douloureux 19 septembre, cette émotion si vive de Châtillon. Cette réciproque attaque a eu pour théâtre Courbevoie et Neuilly et a été très-meurtrière pour les fédérés. Ils avouent eux-mêmes que l'armée de l'Assemblée eût pu leur faire encore beaucoup plus de mal si, disent-ils, « on ne les avait pas *économisés.* »

Economisés ! Quels mots lugubres on emploie maintenant dans la guerre !

Ce soir, groupes considérables rue de Rivoli, dans les environs de l'Hôtel-de-Ville ;

rassemblements à peu près partout, et nombreux passages de gardes nationaux exaltés :
Vive la Commune ! A bas Versailles ! Nous avons des pruneaux de Tours pour les ruraux ! A bas Trochu ! A bas Jules Favre ! A bas les capitulards ! A bas les traîtres !

Voilà ce qu'on entend bien distinctement. Je photographie.

Lundi, 3 avril. — C'est à propos de cette sortie d'hier qu'on a pu lire de tous les côtés, sur les murs, la proclamation fameuse :

« Ils ont *attaqué ;*
« Ils ont *attaqué ;*
« Ils ont *attaqué.* »

Voici cette affiche de *l'Officiel parisien :*

« Paris, le 2 avril 1871.

« *A la garde nationale de Paris,*

« Les conspirateurs royalistes ont *attaqué.*
« Malgré la modération de notre attitude, ils ont *attaqué.*

« Ne pouvant plus compter sur l'armée française, ils ont *attaqué* avec les zouaves pontificaux et la police impériale.

« Non contents de couper les correspondances avec la province et de faire de vains efforts pour nous réduire par la famine, ces furieux ont voulu imiter jusqu'au bout les Prussiens et bombarder la capitale.

« Ce matin, les chouans de Charette, les Vendéens de Cathelineau, les Bretons de Trochu, flanqués des gendarmes de Valentin, ont couvert de mitraille et d'obus le village inoffensif de Neuilly et engagé la guerre civile avec nos gardes nationaux.

« Il y a eu des morts et des blessés.

« Elus par la population de Paris, notre devoir est de défendre la grande cité contre ces coupables agresseurs. Avec votre aide, nous la défendrons.

« *La Commission exécutive,*

« BERGERET, EUDES, DUVAL, LEFRANÇAIS,
« FÉLIX PYAT, G. TRIDON, E. VAILLANT. »

De son côté, le *Journal officiel* de Versailles affiche ceci :

« *Le Chef du Pouvoir exécutif aux Préfets :*

« Versailles, dimanche 2 avril, 7 h. 49 m. du soir.

« Plusieurs milliers de gardes nationaux, obéissant au Comité central, étaient sortis de Paris et occupaient Courbevoie, Puteaux et le pont de Neuilly.

« Ils ont été mis en déroute.

« Les barricades, défendues par les insurgés, ont été enlevées par les troupes avec beaucoup d'entrain.

« Il y a eu de nombreux prisonniers. La fuite est générale dans toutes les directions.

« *L'effet moral est excellent.* »

(Il s'agit d'hommes, non de quilles de bois ou de soldats de plomb ; mais les désinvoltures du style sont féroces.)

La note suivante termine ainsi cette dépêche :

« Les misérables que la France est réduite à combattre ont commis un nouveau crime.

Le chirurgien en chef de l'armée, M. Pasquier, s'étant avancé seul et sans armes trop près des postes ennemis, a été indignement assassiné. »

La violence des insurgés leur fait écrire :

« Une pension de jeunes filles, qui sortait de l'église de Neuilly, a été littéralement hachée par la mitraille des soldats de MM. Favre et Thiers. »

La colère des Versaillais leur fait répondre :

« La guerre a été déclarée par les bandits de Paris.

« Hier, avant-hier, aujourd'hui, ils m'ont assassiné mes soldats.

« C'est une guerre sans trève ni pitié que je déclare à ces assassins.

« J'ai dû faire un exemple ce matin, qu'il soit salutaire ; je désire ne pas en être réduit de nouveau à une pareille extrémité. N'oubliez pas que le pays, que la loi, que le droit, par conséquent, sont à Versailles et à l'Assemblée nationale, et non pas avec la grotesque assemblée de Paris, qui s'intitule Commune.

« Le général commandant la brigade,

« GALLIFET. »

— L'incendie s'allume, la littérature s'en mêle. Dans ce même numéro d'aujourd'hui, le *Journal officiel de l'Insurrection* publie un article véhément, signé J.-B. Clément, sur les « Rouges et les Pâles. » On voit cela d'ici. Les Pâles sont les privilégiés, les Rouges les déshérités de la vie : « N'est-ce pas que les Pâles sont une espèce odieuse et que les Rouges seuls sont les vrais hommes ?... Dites-le à vos amis de province, à vos parents de la campagne... Dites-leur que les Pâles sont les dévorants de chair humaine et que les Rouges sont les mangeurs de pain... Dites-leur enfin que les pauvres, les travailleurs, les honnêtes gens sont des Rouges, que vous en êtes, que la nature en est, que Lamennais et Proudhon en étaient, et que Dieu, s'il *existait*, serait avec nous! »

L'article commençait ainsi : « *On a toujours trompé le peuple...* »

Qui donc le trompe plus que vous, ce peuple crédule et passionné, ô prétendus amis qui attisez ainsi sa haine ! Etonnez-vous, après cela, d'entendre dans les groupes un ouvrier, à figure honnête, vous dire naïvement : « *Oui, pour moi, j'assassinerais froi-*

dement, de mes propres mains, un légitimiste »,
et une ménagère lui répondre : « *Et moi, si
je n'avais rien dans les mains pour frapper les
Versaillais, je les morderais!* »

Mercredi, 5 avril. — Au bruit du canon.
— « Pardonnez-leur, Seigneur! car ils ne savent ce qu'ils font! » ni ceux-ci, ni ceux-là,
ni personne. Cette révolution, qu'on veuille
ou non le reconnaître, — est plus sociale que
politique. Des ambitieux peuvent être à la surface, des insensés aux premiers rangs, des
ignorants — pauvres machines — au fond de
l'horrible mêlée, avec des criminels réfugiés
derrière; oui, tout cela peut être; oui, tout
cela est. Mais, inconsciemment pour les meneurs eux-mêmes, l'idée émancipatrice fait
son œuvre. Le sillage autrefois commencé
marque sa ligne mystérieuse. A travers la
boue, à travers le sang, au milieu des nuages
de poudre, le Progrès, voulu par les siècles,
reprend son ornière profonde. Les canons de
la butte Montmartre! Il s'agit bien de cela
pour le voyant qui juge l'action des hauts som-
mets de la pensée!

La lutte entre les classes : l'impatience, la précipitation de ceux-ci ; la répulsion, la résistance de ceux-là ; le triste aveuglement de tous, voilà l'objet de nos misères! Le prolétariat — comme autrefois la bourgeoisie — aspire à la lumière ; le prolétariat veut respirer et vivre ; il entrevoit son droit aux sphères intellectuelles, aux régions supérieures des sociétés humaines ; d'un coup, sans transition, par la seule force d'une volonté sans frein, il croit s'élancer à ces premiers échelons, il brise du pied ce qui l'opprime ; et, pour s'asseoir au faîte des choses, il renverse ceux qui s'y trouvent.

En face, les élus du monde, ceux à qui la naissance, le loisir, la fortune, le développement de facultés heureusement et librement cultivées ont remis les pouvoirs d'ici-bas, regardent avec un dédain trop souvent méprisant cette évolution de leurs frères infimes. Ils sont le salon du monde, les autres en sont l'atelier ; les premiers ont toutes les élégances, les derniers toutes les rudesses (du moins, c'est ainsi qu'on en juge), et l'homme bien mis répugne à voir auprès de lui des haillons...

Il suffirait d'un peu moins de hauteur ici,

d'un peu plus de modération là-bas, pour se comprendre et s'agréer. La bourgeoisie a bien sa place ; le prolétariat, un jour, aura la sienne. Mais il faut, pour cela, des deux côtés, l'intelligence et la patience. Mésintelligence : *inintelligence.* L'éducation, jusqu'ici privilége du petit nombre, doit devenir le patrimoine de tous. Quand les petits, ces enfants mineurs, étudieront et comprendront, les grands, ces frères majeurs, serreront comme ils le doivent leurs mains douces ou rudes.

Mais, plus de mépris, vous d'en haut ! mais, plus de violence et plus de haine, vous d'en bas ! Jusqu'ici, la même ignorance, la même inintelligence absolue les uns des autres vous enveloppe et vous sépare.

J'ai passé ma vie, disant des vérités à tous, à être malmenée par tous. Ce monde est un monde de passion, de parti-pris, de préjugés trop souvent invincibles. Une opinion toute faite détermine, sans réflexion, le jugement des uns et des autres. « Les riches nous exploitent », disent les pauvres. « Les pauvres nous envient », disent les riches. Et avec cette belle formule on s'ignore et l'on se déteste. Très-peu arrivent à consentir à cette vérité fondamentale, que l'homme, vis-à-vis d'un autre homme, est son semblable aux yeux de Dieu et ne devient son supérieur que par l'utile et généreux emploi qu'il fait de son intelligence.

Au lieu de parler, l'on se hait ; au lieu de s'entendre, on se bat. Des canons, des fusils ne sont pas des raisons, n'est-il pas vrai, Seigneur? Eh bien ! ce sont les seuls arguments qu'aux jours d'émeute on sait trouver et l'on emploie! Français contre Français, citoyens contre citoyens, Parisiens contre Parisiens, parents contre parents, uniformes contre uniformes, entendez ces détonations furieuses! C'est le canon qui vomit la mort. Ecoutez cette fusillade! les rangs ennemis ici se mêlent! Ce grincement horrible de mitrailleuses fait taire et domine les ressentiments de ceux-ci, calme pour jamais l'exaltation et l'aberration de ceux-là. Cette fauchaison sinistre, c'est le silence, ou plutôt, que dis-je! c'est l'éloquence effroyable, l'éloquence impérieuse du fait sur l'idée, de la brutalité sur l'intelligence, de ce qui est contre ce qui veut être.....

Et, comme témoignage de ce que j'avançais tout-à-l'heure sur l'inintelligence et le malentendu des classes entre elles, voici une note prise en passant, cueillie au vif de toutes ces haines. C'était l'autre matin : je traversais — par extraordinaire — la place de l'Hôtel-de-Ville qui, par ce temps de Commune mystérieuse, n'est pas tous les jours accessible et publique. Les hommes, gardes nationaux de service, avaient passé la nuit sur cette place ; des pavés, fumants encore, marquaient la forme ronde de leurs marmites ; d'autres avaient servi d'oreillers concurremment avec des sacs. Beaucoup de ces pauvres hères étaient encore allongés dans leur fatigue, sinon dans leur sommeil, et les sentinelles, seules, debout, de long en large rompaient les rangs exténués.

Cependant un jeune garçon plus courbaturé encore que les autres essayait d'enrouler autour de son maigre corps une couverture de cheval bien revèche, je vous assure, et peu propre à ramener sur lui la chaleur qu'il cherchait ; ce n'était rien moins que du cachemire ; on eût dit du crin qui vous piquait la vue...

Eh bien ! c'était du luxe, du luxe asiatique aux yeux des autres ; et un camarade, avisant ce sybaritisme, ne put s'empêcher de lui marquer son dédain : « *C'est un aristo* », dit-il en me regardant, « *c'est un Versailleux.* »

Ainsi, Versailles, en ce moment, pour le peuple aveuglé, ne représente pas tel ou tel système politique, telle ou telle forme de gouvernement, légal ou oppressif, — tel ou tel antagonisme avec Paris libre, Paris en école buissonnière et en rupture de ban; Versailles représente et signifie le privilége, les possesseurs de couvertures en face du pauvre sans draps ni linge. L'idée de la Commune, que le peuple ne comprend pas du tout et qu'il n'essaie même pas de comprendre, disparaît devant cette seule imagination qu'il se fait : le riche en présence du pauvre, l'homme ganté en présence de l'homme aux mains noires; le fonctionnaire officiel et rétribué en présence de l'ouvrier besoigneux.....

Encore 5 avril, mercredi soir. — C'en est fait; avec toutes ces improvisations militaires, Paris promène un carnaval funèbre. Le rouge est partout, couleur de sang. La prise d'armes de dimanche a inauguré l'ère des tueries; à présent, entre Paris et Versailles, on se bat tous les jours, on se tue tous les jours. Le colonel Flourens, fils belliqueux d'un père paisible, a été traversé d'un coup de sabre, à Chatou, hier. Qui ne se rappelle son équipée en Crète? Involontairement, malgré l'horreur de l'heure présente, on est hanté d'un air funambulesque; on aurait voulu, hélas! chanter à ce chef d'émeute : Pars pour la Crète! pars pour la Crète! Mais il est défendu de plaisanter. Toutes ces choses sont lugubres.

L'Hôtel-de-Ville se hérisse de canons de tous les calibres. Ce matin, par un soleil d'or, les passants s'extasiaient, juste au-dessous de l'horloge, devant trois mitrailleuses blindées, percées chacune de trente-sept trous. Trente-sept trous! trente-sept fois des balles! Trente-sept fois la mort! Une belle fille du peuple, admirablement découplée, les contemple avec enthousiasme; elle circule ici comme chez elle et prêche, dans les groupes, la résistance. Elle propose aux fédérés de faire marcher devant eux les femmes des sergents de ville restées à Paris, afin que l'armée de Versailles ne tire pas. Tête nue, avec de beaux cheveux blonds, figure intelligente et convaincue, elle produit un grand effet autour d'elle ; ce soir, j'ai remarqué une autre de ses camarades oratrices. C'est une blonde également, décemment mise, sérieuse et distinguée. J'ai déjà entendu cette voix ; elle rappelle avec véhémence les douleurs du premier siége ; elle évoque le pain noir d'alors qu'elle appelle « *le brouet national* » ; elle conclut, comme la première, à la résistance ; des fédérés la regardent et l'admirent, bouche béante ; des cavaliers extraordinaires, décorés de toutes sortes de plumes, s'élancent avec fracas dans la direction des quais et traversent la conférence ; mais ce n'est qu'un repos, la prédication reprend de plus belle.

Et l'on meurt, et l'on enterre, et l'imagination du peuple est frappée de tant de spectacles. Tantôt, escortée d'une foule innombrable, la dépouille du commandant Henri, frère du général, conduite théâtralement à Montmartre, traînait à son char les illustrations communales. L'œil enchanté des badauds, ces *flottants* éternels, voyait à travers les fusils, les épées, les drapeaux, les écharpes, les bouquets d'immortelles, les héros tout neufs de la capitale : Paschal Grousset, Assi,

Vallès, etc... Des citoyennes avaient aussi des insignes rouges.....

Jeudi soir, 6 avril. — Oui, l'on tue, oui, l'on enterre, et, à ce régime de mort, le peuple achève de perdre la tête. Aujourd'hui ont été promenées sur les grands boulevards les trente-trois victimes de dimanche dernier. Trois immenses chars funèbres, pavoisés de drapeaux rouges et de palmes vertes et surchargés de couronnes, exhibaient les cercueils superposés. Revêtus de leurs insignes, les membres de la Commune, Delescluze en avant, conduisaient le deuil. La population tout entière, ardente et surexcitée, suivait cette immense procession de la mort...

Tout-à-l'heure, après une journée accablée, j'ai traversé les ponts et fait un tour de quais. Nulle part de lumière; les lanternes sont absentes. Jamais soir ne m'a semblé plus sinistre, même aux temps les plus sombres du siége. Les abords de l'Hôtel-de-Ville sont gardés : que se prépare-t-il? Deux femmes, sur mon chemin, s'apostrophent; l'une,

— une vraie femme, — déclare à l'autre qu'il faut sauver de ces horreurs maris, fils et frères. Des fédérés mornes, fusil renversé, bouquet d'immortelles au képi, à travers toute cette nuit, reviennent du cimetière.

Vendredi, 7 avril. — Aujourd'hui, avec grand concours de curieux, auto-da-fé par le peuple de la guillotine, place et boulevard Voltaire.

Je laisse la parole, en cette circonstance, au *Mot d'Ordre* de Henri Rochefort :

« Aujourd'hui, à dix heures du matin, le peuple a brûlé l'échafaud sur le boulevard Voltaire. L'idée était bonne et le boulevard bien choisi. Mais à quoi bon, je le demande, cet auto-da-fé accompli sur le bois de justice si, en détruisant l'échafaud, nous conservons la peine capitale, avec cette seule nuance que la guillotine est remplacée par le chassepot ?

« Les Français sont décidément des êtres surprenants. Ils sont tous d'accord pour proclamer l'inviolabilité de la vie humaine, mais cette inviolabilité consiste à déclarer qu'au-

cun individu, à quelque sexe qu'il appar-
tienne et quelque crime qu'il ait commis, ne
sera désormais appelé à grimper les degrés
de la fatale machine qui a emprunté son
nom au docteur Guillotin.

« En revanche, il paraît convenu entre
nous, qu'adosser un homme contre un mur
et lui envoyer douze balles dans le corps,
ne s'appelle pas violer la vie humaine.

« Le mode d'exécution ne nous inquiète
pas, c'est l'exécution elle-même qui nous
préoccupe. Si même il fallait choisir entre
le fusil ou la guillotine, j'ai idée que je pré-
férerais encore cette dernière, eu égard aux
derniers préparatifs qui exigent un certain
temps, tandis qu'il n'y a rien comme une
arme à feu pour rayer avec promptitude
un citoyen du nombre des vivants.

« La terrible guerre que nous traversons
n'établit que trop irréfutablement la vérité
de ce que j'avance. — Ce que nous voulons,
ce n'est pas l'incendie de l'échafaud, c'est
l'abolition de la peine de mort. »

La fumée du canon. — DES HAUTEURS DU TRO-
CADÉRO. — C'est une fumée comme toutes
les fumées : la fumée d'un train de chemin
de fer qui passe, le beau panache de fumée
d'un navire en mer, le léger flocon d'un
nuage au ciel ; cela vous fait rêver dans ce
doux paysage de collines ; et c'est... vous
la voyez bien, cette blanche fumée vapo-
reuse, c'est la fumée du canon meurtrier,
c'est l'aveugle mort qui s'élance au hasard,
flamme de colère, flamme de folie et flamme
de haine ! Ce bruit de lointain tonnerre, l'é-
cho de ce douloureux bruit, ce jet terrible
de fumée, c'est le canon mêlé au grincement
des mitrailleuses, au crépitement des fusils
dont l'éclair étincelle !...

Oui, dans ce printemps, dans ce soleil,
dans cette verdure naissante, dans ces chants
délicieux d'oiseaux, à travers les prairies, au
milieu des grands arbres, au doux frémissement des sources, les hommes s'ajustent, les
hommes se mitraillent, les hommes se tuent !
Voyez-vous ces rouges taches sur l'herbe
sombre ! C'est du sang ; ne marchez point
par-là, vous dis-je, prenez garde, c'est du
sang !

A quelques mètres de ces fumées, dans une avenue, des enfants, costumés en soldats, courent sur leurs vélocipèdes. Vous descendez au bord de l'eau, de graves bourgeois pèchent à la ligne ; vous rentrez dans le Paris des quais, des boulevards et des squares, des jeunes gens devisent, analysant la lutte horrible, le cigare à la bouche, autre fumée qui, elle aussi, fait nuage le long des rues.......

A six heures, ce soir, ouverture sur Paris du bombardement de Versailles.

Même jour de Vendredi-Saint.

Rue de Buci, dix heures du soir.

SCÈNE RÉALISTE. — *Un afficheur, qui se croit seul.* (Très-affairé, il promène sur la muraille son pinceau, de haut en bas, de bas en haut. Le seau de colle est à côté, et dans un sac sont des affiches.

— « Ça m' dégoûte d'afficher toujours des sottises pareilles. »

(Et le pinceau de taper en collant la chose.)

— « Et tous ces imbéciles qui gob'ront ça ! ..... Depuis c' matin que je n' m'arrête ! Ah ! mais..... ça m'emb...! oui ! qu' ça m' emb... ! — Et puis, les pressés d' lire (as-tu fini ! malheur !) qu'empêchent ma besogne, qu' ça veut avaler avant que j'aie collé ! Quoi qu' c'est que ça ! »

J'étais toute seule ; pas une ombre dans la rue; peu de gaz, point de réverbères. Çà et là seulement, par hasard, une lanterne de chiffonnier : un ciel noir, lourd, ciel de pluie et d'orage. Je revenais de chez la charmante marquise de ***...., restée à Paris, comme un bon ange, tout le temps des deux siéges.

Samedi, 8 avril. — Ce matin, en plein soleil, il fait un vent inouï, extraordinaire, lugubre. Le ciel éblouissant est labouré de vagues ; la nature elle-même reproduirait-elle nos tempêtes ?

Il y a eu toute la journée des files de déménagements de pauvres. Je me souviens des premiers temps du siége; on déménageait alors contre les Prussiens, pour les travaux de la défense. On a déménagé ensuite contre le bombardement. On déménage aujourd'hui contre les propriétaires. L'Assemblée favorisait trop les propriétaires et ne tenait pas assez compte de la misère publique. La Commune favorise trop le locataire; le décret de Versailles, à propos des loyers, était sans générosité; le décret de la Commune est sans justice. Il est radical et supprime la dette du locataire. Aussi, quelle procession interminable de mobiliers indigents; c'est comme une fuite, comme une déroute de guerre civile ! Des manifestations ont lieu au sujet de toutes ces charettes; c'est à qui fera sa harangue; les uns — en très-petit nombre — disent ce que je pense : au point de vue de la charité, c'est bien; au point de vue de l'équité, c'est mal; un moyen terme était à prendre et devait être laissé à l'initiative individuelle. La vanité et la publicité aidant, les propriétaires les plus farouches pouvaient trouver leur compte à se montrer bons princes. — En ce moment, selon l'expression populaire, *on les tombe avec enthousiasme :* et c'est ainsi qu'on fait l'éducation du pauvre, en faussant chez lui toute notion de justice. Au lieu de l'éclairer en servant sa cause si intéressante, on flatte ses instincts passionnés, on l'égare. C'est l'éternel enfant volontaire qu'on veut empêcher de crier.

Grande nouvelle : le citoyen Gaillard père est nommé Grand-Maître des barricades. Ministre des barricades, et successeur de Rochefort à qui cet honneur pesait trop, mesurez-vous cette gloire immense? Bien des gens courent après leur vocation et n'atteignent jamais leur rêve : le père Gaillard a réalisé le sien. Le père Gaillard, autrement dit le père des barricades, est l'homme du pavé, le héros de la rue. Cordonnier de son état, — paraît-il, — il tapait sur la semelle avant de taper sur le moellon. Son premier métier, qui ne semblait guère devoir le mener à l'autre, lui a fait entrevoir des visions de marteaux et de pioches. Haussmann faisait, le père Gaillard défait; il a l'extraordinaire, l'incomparable mission de démolir. Ministre des barricades! Concevez-vous un plus beau titre! Le vertige lui monte à la tête, le génie de la situation l'inspire. Tout lui est bon : pavés, traverses de trottoir, pierres à bâtir, omnibus par-ci, par-là, voire même à l'île Saint-Louis des bateaux renversés, sacs innombrables de terre, tronçons d'arbres, Paris en révolte est sa chose; Paris à l'envers, sens dessus dessous, troué ici, barré là, impraticable partout, avec des meurtrières pour tirer sur ses meilleurs amis, Paris est sa création, Paris est son champ de manœuvres, Paris est son bouquet de fleurs.....

Au bruit de la fusillade. — TROCADÉRO. — Ce qui s'appelle *victoire* là-bas est désastre ici; les chants de triomphe par ici sont des clameurs de rage plus loin. D'un côté la face d'une chose; de l'autre côté le rebours et l'envers de cette seule et même chose; démenti absolu, renversement complet des idées les plus claires. *Te Deum* et lampions sur cette rive, *Requiem* et consternation sur l'autre berge. Dieu, pris pour juge dans les deux camps; Dieu, protecteur des deux armées, béni par ceux-ci, réclamé par ceux-là, Dieu maudit peut-être tout le monde.....

Sur le versant de cette colline la cause juste est suppliée, la conscience humaine crie ses rêves. Sur le versant opposé de cette même côte, la tradition, l'honneur, l'antique croyance sont la devise des assaillants. Et ce sont des frères qui se combattent, ce sont des voisins qui se tuent. Je parle de Paris où nous sommes, de Versailles si ami et si proche. Nous disons en parlant d'eux, ils disent en parlant de nous : *l'ennemi!*.....

Oui, tout cela n'est point un songe; leurs obus nous déciment, nos boulets leur répondent ; nous jouons à la balle avec nos têtes ; et, dans ce jeu épouvantable de la mort, c'est celui qui a renversé le plus de camarades, celui qui, plantant son drapeau sur le plus de cadavres, est arrivé premier dans tout ce sang, c'est celui-là qui crie : *Hourrah! hourrah! et vive la France!*....

9 avril, samedi. — En pleine guerre civile et en plein orage de canon :

« Les Délassements-Comiques obtiennent un grand succès avec les *Contes de fées*, féerie en douze tableaux, admirablement jouée par

MM^mes Eudoxie Laurent, Gouvion, Daudoird, MM. Heuzey, Dumoulin et *vingt-cinq jolies femmes.....* »

Vingt-cinq jolies femmes! toujours les mêmes, messieurs nos compatriotes! O coulisses de la vie! les calamités les plus cruelles n'y font rien!

Vingt-cinq jolies femmes!

Lundi de Pâques, 10 avril. — « Allons voir les barricades! » Tout le monde va voir les barricades. C'est jour férié aujourd'hui, lundi de Pâques, et le bourgeois de Paris manque rarement sa promenade hebdomadaire. A plus forte raison quand on peut faire dimanche le lundi. Alors la fête est complète. On a terminé hier la besogne, on ne recommencera que demain la semaine. Tout est spectacle pour cette bonne ville de Paris. Jugez donc! On bombarde les Champs-Elysées : nous irons jusqu'à la barrière de l'Etoile. Les chevaux de bois tournent sur leur axe, et, vienne la pluie d'obus, les enfants auront fait quand même un tour du cercle.

Et Guignol! Que Polichinelle est invitant

aujourd'hui ! Polichinelle n'a pas encore déménagé. Polichinelle n'a fait que reculer un peu son joyeux théâtre, son chat, son commissaire et son gendarme.

Du reste, en plein boulevard, non loin de la Madeleine, je copie cette affiche de spectacle entre deux décrets terribles de la Commune :

PALAIS-ROYAL.

Le Canard à trois becs.

On commencera à sept heures.

Heureux pays, qui passe si allègrement du grave au doux, du noir sinistre au rose tendre ! C'est vraiment très-gentil de contourner ainsi les barricades. A côté des grandes, imposantes, sérieuses, il y en a beaucoup d'improvisées ce tantôt, des barricades de poche, si j'ose le dire. Car, selon une rumeur, on ne sait d'où elle est venue, les Prussiens (je me trompe : les *Versaillais,* mais on s'y perd, on ne sait plus où l'on en est avec *l'ennemi,* menacent d'entrer demain. Parions qu'il y aura

des lorgnettes derrière les fenêtres les plus
exposées .....

Des bataillons passent ; quoique représentant les plus pauvres quartiers, les fédérés sont
mieux habillés qu'en semaine. On s'en aperçoit à leurs cravates et à leurs faux-cols. Leur
figure n'est ni une figure de mardi, ni même
une figure de samedi, c'est une figure de dimanche. Il y a là-bas, devant l'Hôtel-de-Ville,
à côté de hardies sentinelles surveillant les canons, de vigoureuses parties de piquet engagées, je vous en réponds ; je vois là de rudes
champions, la pipe aux moustaches, qui
jouent frénétiquement au loto. Dieu des ba-
tailles ! voici, sur la berge, au rebord d'un
bateau, un sonneur de fanfares qui, le clairon
en bandoulière, pêche gravement à la ligne et
ramène en triomphe des goujons pacifiques !
Ces Fra-Diavolo — en récréation — sont capables de ronfler tous profondément tout-à-
l'heure !

En attendant, ils gesticulent, ils se passion-
nent, ils se disputent comme si la journée dé-
pendait d'une quinte majeure, d'un quine ou
d'une carpe de Seine !

Cependant cette place de l'Hôtel-de-Ville,

si bien gardée, ne se laisse traverser que d'un
côté, celui de la rue de Rivoli. Le long des
quais, en face, il faut descendre sous les ponts.
C'est ce que je fais, sans me fâcher, sans exhi-
ber la moindre carte, aimant d'instinct le bord
de l'eau. Ici, de grands bateaux sont à l'an-
cre ; je vois de tout près le clairon-pêcheur
dont l'ardeur m'intéresse ; il est là, environné
de camarades ; des vétérans, tambours de la
compagnie, ont leurs baguettes à la ceinture
et enfilent pieusement des hameçons.....

Ce sera de leur part un immense sacrifice
s'il leur faut, tout d'un coup, laisser là lignes
et asticots, pour aller battre et *rebattre* le
rappel, et, farouchement, sonner et *resonner*,
à plein clairon, la générale !

Mardi, 11 avril. — Des manifestes con-
ciliateurs essaient de nouveau l'apaisement.
Les Francs-Maçons avec leurs insignes cabalistiques vont, bannières déployées, du Louvre à l'Hôtel-de-Ville, de l'Hôtel-de-Ville
aux Champs-Elysées. Nouveau spectacle pour
la population flottante. Des femmes, elles
aussi, se groupent et défilent en colonnes.

Le beau temps continue et devient complice de toutes ces promenades civiques. Le recrutement forcé s'accentue. Un tambour de la garde fédérée, dit mon journal, parcourait Auteuil en compagnie d'un garde national et de deux officiers de son corps. Appel était fait à tous les braves de dix-sept à trente-cinq ans. Après quelques roulements de tambour, suivis de quelques coups de crosses de fusils dans les portes closes, un garde national criait :

« Quiconque refuseront de marcher seront désarmés, perdront ses droits civiques et seront fusillés. »

Pendant que le sang coule à flots, savez-vous ce que font les Prussiens? Ils font venir d'Allemagne des appareils de photographie, et, s'avançant le plus près qu'ils peuvent dans la presqu'île de Gennevilliers, ils prennent des vues du combat.

Mercredi, 12 avril. — Et aujourd'hui, qu'ont-ils fait de cette chose si grave : la vie ?

Ce matin, le canon, les mitrailleuses, le

chassepot, comme hier, comme toujours. Le soleil brille, les coqs chantent, les oiseaux babillent.....

Tantôt, instant de trève : le temps d'écrire de Paris : Nous avons gagné; le temps d'écrire de Versailles : Ils ont perdu !

Et ce soir la furieuse canonnade recommence; le ciel est déchiré d'éclairs; les arbres noirs s'illuminent comme des spectres, et, là-bas, en haut, vers Montretout, là-bas aussi vers Neuilly, le crépitement des feux de peloton fait frémir en nous ce qui peut nous rester de cœur.....

LA LIGUE DE LA VIE. — En face de ces chôses de la mort, formons la Ligue de la vie. La lutte horrible ne peut durer; protestons, toutes et tous. Ne jugeons pas, intervenons. Levons-nous, toutes et tous, avec nos cœurs pour oriflammes; le pays entier souffre et saigne. Que tant de sang répandu suffise ! Trève à la mort !

J'en appelle aux mères, aux sœurs, aux

filles, aux femmes sans distinction de politique; j'en appelle aux pères, aux frères, aux fils, aux hommes de tous drapeaux et de toutes armes. Qu'est-ce que ces mots géographiques : Paris, Versailles, Versailles, Paris? C'est la France, la grande France qui se tue ! C'est l'humanité, l'humanité civilisée qui se suicide !

Que le canon se taise ! écoutons-nous ! Hommes intelligents, parlons aux hommes intelligents; hommes de cœur, parlons aux hommes de cœur; femmes, soyons le trait d'union miséricordieux et pacifique. Il n'y a, dans toute cause humaine, que des malheureux pour nous, femmes; il n'y a, d'aucun côté, il n'y a jamais, pour nous, de coupables.

Quoi donc! la mitraille est-elle en ce moment la seule langue patriotique? Notre belle langue française, cette langue de la diplomatie universelle est-elle réduite pour nous à ce jurement de canons, ce craquement de fusils, ce cruel éclaboussement de mitrailleuses? Est-ce ainsi que des Français, s'adressant à des Français, s'expriment ?

Levons-nous, toutes et tous, je le répète ;

offrons-nous, toutes et tous, faisons cesser tout ce délire. Venons, les bras ouverts, douces et doux pour les deux camps; faisons tomber ces armes criminelles. Le mot d'*ennemi* a-t-il un sens *possible* pour nous, Français, chez des Français ?

Obtenons silence : la Patrie, à l'heure de la mort, assemble un conseil de famille. Enfants de la même famille, n'achevons pas de nos mains notre mère moribonde. Quand le silence se sera fait, quand, dans le calme et l'équité, on consentira de sang-froid, frères et fils, à se regarder, c'est-à-dire à s'entendre, alors, n'est-ce-pas? vous toutes et tous, alors on ne se battra plus, on ne se tuera plus !

Jeudi, 13 avril. — « Je n'aurai plus peur de l'orage, moi qui m'évanouissais devant un éclair », disait, l'autre soir, boulevard Saint-Michel, au milieu d'un groupe, une toute jeune fille descendue affolée comme tout le monde au bruit de la terrible mitraillade de ce mardi, 11 avril, à jamais sinistre.....

Le ciel rouge n'était qu'un incendie ; les arbres lugubrement illuminés du Luxembourg semblaient des spectres, et le pétillement des fusillades répercutait dans l'étendue son horrible feu d'artifice.

En effet, mon enfant, après ce funèbre baptème d'angoisse et de douleur, après ce baptème de sang, nous ne ferons plus attention dans la vie aux choses futiles et secondaires. Après ce honteux spectacle national d'une guerre française à la suite d'une guerre prussienne, après cette effrayante représentation d'ambitions, de faiblesses, d'aberrations et de sottises, après cet inexprimable combat de l'homme civilisé contre l'homme civilisé, son semblable, toute autre tragédie — même intime — (ce plus dur drame!) semblera jeu de foire et de Polichinelle. Nous marcherons d'un pas plus large dans la vie après cette exhibition barbare de la mort. Le point de vue de la conscience : désintéressement, dévouement, sacrifice, semblera plus dégagé, plus lumineux encore. Cette vie n'est bonne, mon enfant, qu'en préparation de la mort. Non, ni vous, ni moi, ni bien d'autres, nous n'aurons plus jamais peur de l'orage.

Nous venons d'assister aux seules vraies tempêtes : le déchaînement de l'homme contre l'homme, le brisement — dans les flots — du navire, que les pilotes eux-mêmes ont fait sombrer......

Vendredi, 14 avril. — ENTERREMENT DE PIERRE LEROUX.-- Ce pacifique songeur dont l'esprit philosophique a remué tant d'idées, a été enterré ce matin, au cimetière Montparnasse. Il s'est éteint tout à côté, dans une retraite de pauvre — paisible autrefois! — mais, hélas! troublée aujourd'hui par le bruit incessant des obus. Vous voyez d'ici ce n° 168 du boulevard, non loin de la fourche que fait la rue d'Enfer et tout près de l'Observatoire. Un drapeau d'ambulance flotte à l'une des fenêtres de la petite maison; un marchand de vins tient l'étroit rez-de-chaussée. Que de fois, jadis, j'ai traversé ces parages quand notre vieil ami Béranger (le déménageur éternel!) habitait son petit ermitage de la barrière d'Enfer!

La cérémonie était annoncée pour dix heures; mais on est en retard ou l'on n'a pas bien lu. Et puis, il y a tant de disparus ou d'absents! Peu de monde sur la chaussée; chacun regarde curieusement les figures; nous évoquons nos souvenirs de 48 et nous voulons retrouver le passé. Il doit y avoir ici d'anciens représentants de l'ancienne République.

Moi, j'avise une belle tête d'homme du peuple, haute en couleur, énergique et honnête. Il porte un grand chapeau rond, une large blouse bleue très-nette, serrée soigneusement à la ceinture. Cet homme-là doit être quelque chose et quelqu'un parmi les ouvriers : je ne m'étonnerais pas qu'il eût joué un rôle politique quelconque et qu'il fût un proscrit d'autrefois. Il mange à pleines dents un gros morceau de pain dur, et je l'entends dire : « Les riches ont plus souffert que nous des privations du siége, ils deviennent plus facilement malades; nous, nous n'avons rien, nous nous en contentons et nous nous portons bien. »

Cependant l'assistance s'est grossie; le corbillard est à la porte; des délégués de la Commune avec leurs insignes se mêlent sans façon aux casquettes, ce qui remplit d'admiration les humbles mortels du trottoir ; la famille est arrivée ; le convoi, comme tous les convois du monde, va se mettre en marche, les hommes en avant, les femmes à la suite.

Mais, halte-là ! le citoyen Verdure, avec sa belle écharpe, s'il vous plaît, et la décoration communale à la boutonnière, fait un signe et tient ce petit discours improvisé :

« Citoyens, ce corbillard est le convoi de la philosophie, le cortége de la démocratie, les dames doivent être en avant : citoyens, laissez passer les citoyennes ; citoyennes, veuillez passer..... »

Nous passâmes. Je me trouvai ainsi en tète du cortége, à côté d'une vieille amie de la famille qui me raconta surabondamment qu'elle avait failli épouser Pierre Leroux et que lui ayant toute la vie conservé son amitié, elle avait reçu son dernier soupir.

Pauvres doux songeurs qui, en toute simplicité et en toute innocence, étiez si inoffensifs envers le prochain, qui, de votre vie, n'avez fait de mal à personne, par quelle punition du ciel êtes-vous sur votre tombe assassinés de tant de discours ?

D'abord, mais celui-là fut beau et bon, juste, net et bien dit, ce fut le discours de famille, de M. D..., neveu — m'apprit-on — du philosophe illustre, qui retraça avec émotion sa carrière. Mais un, deux, trois, quatre autres panégyriques se préparaient, avec trépidation, si j'ose dire.

La foule est en rond, comme elle a pu, sur les tertres, autour des tombes, au bord des trous. Le citoyen Ostyn, — un des convaincus, je vous prie, — se fraie passage ; il se hausse le plus qu'il peut. Les citoyennes sont haletantes derrière lui, criant déjà avant qu'il ait parlé : Vive la Commune ! vive la République universelle ! vive la famille sociale !

Cette ardeur enflamme l'orateur.

« Moi-z-aussi, citoyennes, moi-z-aussi, citoyens, oui, moi-z-aussi, j'ai voulu, au nom de la Commune de Paris, apporter mon hommage au philosophe, notre maître, qui repose à présent sous nos pieds. L'humanité te salue, Pierre Leroux, toi qui fus dans tes livres l'initiateur et le précurseur du mouvement socialiste, auquel je vous dis, moi-z-aussi, que viendront se rallier les mondes. Citoyennes qui m'écoutez (Bravo! bravo! vive Pierre Leroux! vive la République démocratique et sociale!) et vous aussi, chers citoyens, qui n'avez pas manqué ce rendez-vous des intelligences, vous honorez ainsi un des chefs de la révolution socialiste, un proscrit de juin, qui ne sépara pas sa cause de celle des vaincus. Et vous parlez d'enterrement civil! Vous voyez ce que c'est, citoyennes, citoyens! (Oui! oui! très-bien! très-bien! bravo!) moi-z-aussi je tiens à un enterrement civil, comm' ça, entre soi, eh! bien! ce n'est pas plus difficile que cela! »

(Acclamations. Applaudissements prolongés.)

Le citoyen Martelet s'avance. Il est jeune et blond :

« Citoyennes, citoyens, ce n'est pas que, malgré mon jeune âge, oui, messieurs et mesdames, à cause de mon jeune âge que la Commune de Paris m'a fait l'insigne honneur de me déléguer à la représenter en son sixième arrondissement, sur cette tombe. J'en sens tout l'honneur; je sens, malgré mon jeune âge, le prix de cette faveur immense. Ce n'est pas que j'aie encore pu lire les livres dont auxquels que je voudrais vous parler, notamment le célèbre Circulus (?????) ; mais, excusez, citoyennes et citoyens, un jeune fonctionnaire au début de la vie ; en faveur de mon jeune âge, écoutez-moi, s'il vous plaît, avec bienveillance. Car je m'associe à toutes les pensées du philosophe Pierre Leroux ; je lirai ses doctrines, et quand, plus tard, que j'en pourrai parler, vous aurez ma méthode complète. Et vous saurez tout de suite que mon jeune âge — tel que vous le voyez — ne m'empêche pas d'appartenir à la révolution. Car, moi aussi, comme les hommes éminents de cette époque, j'ai eu un cousin transporté en juin 1848. »

— Faites finir votre ami ! pour l'amour de la philosophie, citoyen, arrêtez le citoyen Martelet, disaient irrévérencieusement — je suis bien obligée de l'avouer — d'impatientes citoyennes, lesquelles tiraient par toutes les basques de son habit communal le citoyen Verdure, qui était le plus près de l'orateur.

O détresse d'un membre du gouvernement, jadis maître d'école ! Le citoyen Verdure avait, lui aussi, un discours en poche ; on en voyait les menaçants feuillets dépasser. C'était peut-être le plus sensé et le mieux écrit de la série; mais, en homme bien élevé, devant ces démonstrations féminines peu encourageantes, le citoyen Verdure (qui pourrait dignement célébrer cet héroïsme!) fit à son amour-propre littéraire le plus éclatant sacrifice : il renfonça son discours, tira par la manche le citoyen Martelet que l'ardeur de son jeune âge allait rendre inépuisable, et..... ne dit rien !

Mais le citoyen Babick ne s'arrête pas à des considérations si minces. Il est frisé, il est fougueux; un mouchoir de fine batiste dépasse d'une poche; un ardent revolver étincelle à sa ceinture; son écharpe flotte avec des franges magnifiques; il saisit son képi doré avec une telle véhémence que nous nous imaginons, nous les candides, que, pris d'un beau mouvement oratoire, il va le précipiter dans la fosse.

« Adieu, Pierre, s'écrie-t-il; adieu, noble ami des vaincus d'autrefois; t'as été pour le peuple, toi! C'est bien.

« Ainsi soit-il ! »

Tout en feu, tout ému de sa fière éloquence, ce dernier orateur s'en allait dans sa gloire quand, à la sortie du cimetière, il reconnaît avec enthousiasme le citoyen Geniller.

Le citoyen Babick saute au cou du citoyen Geniller (celui-ci restait froid) et l'embrasse sur les deux joues en lui disant : « Comment! citoyen! vous ne me reconnaissez pas, moi, Babick! votre élève! Vous m'avez formé, vous m'avez fait! Je vous dois d'être ce que je suis! Aujourd'hui je vous fais honneur, j'ai profité de vos leçons; le peuple vous a récompensé en me nommant membre de la Commune. »

Le citoyen Geniller est un professeur instruit, érudit, un brave et honnête homme de beaucoup de sens, et surtout de sang-froid : républicain, d'ailleurs, qui a vécu en exil après le 2 décembre, mais qui, à l'heure qu'il est, par cette température de Commune, pourrait passer pour un *réac*, aux yeux de nos gouvernants parisiens.

Au fond, ceux qui le connaissent et qui étaient témoins de cette scène d'effusion, trouvaient que le citoyen Geniller ne devait pas être aussi flatté que le croyait le citoyen Babick, et quelqu'un a même ajouté : « Si

Babick savait ce que Geniller pense aujourd'hui, il le ferait arrèter. »

J'ai passé, paraît-il, pour Mme Sand, dans cette foule d'illustres et d'obscurs, de connus et d'inconnus, d'astres levants et de soleils couchés. Sur cette belle imagination, tous les journaux ont parlé d'elle. Je m'explique ainsi tant de persistants regards qui venaient me chercher sous mon voile...

Même jour, 14 avril. — L'ère des proscriptions est commencée; la vieille haine du peuple contre l'Eglise est habilement exploitée par les chefs, et des arrestations nombreuses lui sont données chaque jour en pâture. Toujours ce préjugé des priviléges! Ce n'est pas tout : des exécutions sommaires ayant été faites à Versailles (général Duval et cinq autres fédérés) la Commune a décrété, en manière de représailles, la loi terrifiante des ôtages. L'archevêque est à Mazas.

Qu'on juge des mesures générales par cet échantillon d'une ordonnance contre les prêtres :

« Attendu que les prêtres sont des ban-
« dits et que les églises sont des repaires
« où ils ont assassiné moralement les mas-
« ses, en courbant la France sous la griffe
« des infâmes Bonaparte, Favre et Trochu,
    « Le délégué civil des Carrières, près
« l'ex-préfecture de police, ordonne que l'é-
« glise Saint-Pierre-Montmartre sera fer-
« mée, et décrète l'arrestation des prêtres et
« des ignorantins.

                « Le Moussu.
        « *Dix-huitième arrondissement.* »

Continuation du vendredi soir, 14 avril. —
A côté de la bourgeoisie intelligente et
relativement éclairée de Paris qui arbore
l'opinion de son journal, en fait un article
de foi et raisonne en vertu de cet évangile
sur les agissements des affaires publiques,
il y a le singulier type du *conservateur* éternel qui adopte d'emblée tout gouvernement
établi — quel qu'il soit — sous le prétexte
emprunté à La Palisse que, pour en avoir
un meilleur, il faudrait renverser celui-ci.
La Commune n'est certes point le gouver-

nement de son cœur; mais la Commune
existe; n'importe par quel sortilége, la Commune représente actuellement le *pouvoir;* la
Commune est en ce moment le gouvernement *d'ici;* l'Assemblée, à ses yeux, est devenue le gouvernement *d'en face,* et même
n'est plus le gouvernement du tout. Quel
que soit le plat du jour, cet ami de l'immobilité et du repos l'accepte et le digère.
Vous savez ce raisonnement du petit com-
merçant ayant boutique sur rue :

« Mon Dieu! moi, mon cher ami, vous
savez mes sentiments; pourvu que les affaires marchent, je n'en demande pas davantage. Qu'est-ce qu'il nous faut, à nous? de
la tranquillité! Que ce soit celui-ci ou celui-
là qui règne, que nous soyons en république ou en monarchie, qu'est-ce que cela
peut me faire, je vous demande un peu,
qu'est-ce que cela me fait? La Commune
a du bon, en définitive, puisque nous l'a-
vons; que ces gens-là soient raisonnables
et que les affaires reprennent, il ne nous
faut rien de plus, à nous autres. »

Et, durant ce temps, les prêtres sont dirigés
vers l'ex-préfecture , emmenés comme des

malfaiteurs et des conspirateurs. Tout soupçon d'intelligences quelconques avec Versailles était prétexte à mandats d'amener. Voici le texte du décret lui-même :

« ARTICLE PREMIER. — Toute personne prévenue de complicité avec le gouvernement de Versailles sera immédiatement décrétée d'accusation et incarcérée.

« ART. 2. — Un jury d'accusation sera institué dans les vingt-quatre heures pour connaître les crimes qui lui seront déférés.

« ART. 3. — Le jury statuera dans les quarante-huit heures.

« ART. 4. — Tous accusés détenus par le verdict du jury d'accusation seront les ôtages du peuple de Paris.

« ART. 5. — Toute exécution d'un prisonnier de guerre ou d'un partisan du gouvernement régulier de la Commune de Paris sera, sur-le-champ, suivie de l'exécution d'un nombre triple des ôtages retenus en vertu de l'article 4, et qui seront désignés par le sort.

« ART. 6. — Tout prisonnier de guerre sera traduit devant le jury d'accusation, qui décidera s'il sera immédiatement remis en liberté ou retenu comme ôtage. »

Mon excellent voisin l'abbé — M. l'aumônier de la Clinique — vient, m'apprend-on, d'être arrêté à l'archevêché où il était allé, avec plus de cœur et de charité que de prudence et de politique, chercher des nouvelles de son archevêque. Cette arrestation remonterait même à deux jours et l'on était profondément inquiet de sa disparition ; mais il n'avait pu, jusqu'ici, donner signe de vie, et l'anxiété, pour avoir changé de nature, n'en est que plus vive à l'heure qu'il est. Me voilà priée et suppliée d'intervenir, de faire des démarches, de le tirer d'affaire.

Intervenir ! faire des démarches ! Je ne sens, pour me guider en ceci, que ténèbres profondes. Ma tête serait dans un sac à charbon que je n'y verrais pas moins clair. Et cependant, oui, je vais agir, je vais agir tout de suite. Comment ? c'est un problème pour moi-même. J'ai refusé de quitter Paris, précisément en prévision de ce qui arrive : cette possibilité et, par conséquent, ce devoir, à un moment donné, de n'être pas absolument inutile. La meilleure manière d'obtenir des autres une bonne action, c'est de leur faire croire qu'ils en sont capables. Faisons appel aux bons sentiments de ma connaissance. Ecrivons.

Ecrivons ! cela m'est bien facile à dire ! Mais m'écoutera-t-on ? Dans cette guerre éminemment sociale qui se préparait depuis longtemps dans les idées, j'étais incriminée dans les deux camps. Les riches ne me pardonnent pas — en ce temps de République qu'ils abhorrent — d'être l'avocat des pauvres, ces grands malades du destin. Les pauvres — intolérants et exclusifs — ne me pardonnent pas de rendre justice aux riches, ces favorisés du monde, et s'impatientent de mes empressés respects, de mon admiration attendrie vis-à-vis d'exquises natures supérieures et charmantes. Toujours la vieille tyrannie : *Ce qui n'est pas avec nous est contre nous.* Et moi, ma religion est d'aimer, partout où ils se trouvent, en bas, en haut, qu'importe, sous le satin ou sous l'indienne, dans le salon ou la mansarde, dans l'atelier ou le bazar, le bien et le beau que Dieu a répandus, sans distinction de castes, à travers ce triste bas monde.

Je viens de tracer le mot religion; encore une mauvaise note contre moi dans l'estime

des maîtres du jour : je ne suis pas une libre-
penseuse! J'ai la simplicité de croire en Dieu,
d'y croire même de tout mon esprit et de tout
mon cœur.

N'importe, écrivons!

J'écris au citoyen Arthur Arnould, l'un
des plus intelligents et des plus littéraires
parmi les membres de la Commune. Il y a
bien des années que je ne l'ai rencontré; il
est allé en avant, frayant des routes nouvelles; moi, je suis restée dans les vieilles routes,
ou plutôt dans l'ornière, à la façon des fos-
siles antédiluviens; mais le souvenir du vieux
Béranger qui ralliait autour de son fauteuil
tant de bannières différentes, ce doux souvenir d'une chère mémoire peut et doit, dans
ce péril de la patrie qu'il aimait tant, venir en
aide à mon entreprise. « Une même amitié
rend un peu parents à travers la vie. » Je cite
ici les paroles d'un maître en délicatesse, le
regretté Sainte-Beuve.

Le citoyen Arthur Arnould présidait une
séance de la Commune; sa réponse me fut
apportée sur-le-champ.

Voici cette réponse :

« COMMUNE DE PARIS.

« *Commission des relations extérieures.*

« Paris, le 15 avril 1871.

« Chère madame,

« La seule chose que je puisse faire pour votre protégé, c'est de transmettre votre réclamation, en la recommandant à son attention et à son activité, au citoyen Protot, délégué à la justice.

« Cette transmission sera faite aujourd'hui à deux heures, et si, en effet, il y a erreur, elle sera bientôt réparée.

« Salut fraternel.

« Arthur ARNOULD. »

Cette réponse fut apportée à l'état de dépêche, par une estafette qui sentait toute son importance d'officier ordinaire et extraordinaire de la Commune, mais qui portait avec bonhomie sa dignité nouvelle, dans son grand bonheur d'être dispensé du chassepot et des avant-postes.

Samedi, 15 avril. — Les nuits sont toujours émouvantes; on dirait partout l'incendie. Le ciel n'a plus sa couleur naturelle, il semble refléter nos orages; les étoiles sont phosphorescentes. Sous cette impression visionnaire où le jour continue l'oppression de la nuit, j'ai été heureuse aujourd'hui d'une vraie tempête illuminée d'éclairs et traversée de grêle. Ce bombardement du ciel, — pensais-je, — moins redoutable et plus innocent que l'autre, fera cesser cet autre, ce terrible bombardement de la terre : Dieu parle, les hommes feront silence. J'étais dehors sous cette tourmente, sans un refuge pour m'abriter, mais je ne sentais que la joie de cet instant de trève! Les Champs-Elysées, où je viens tous les jours, sont si dangereux, même pour les passants expérimentés, qui croient saisir l'instant propice! Je veux ici raconter un de nos périls quotidiens. C'était mardi. Je copie mon journal de ce jour :

La matinée a été calme. Tout au plus, à

de rares intervalles, a-t-on, par-ci, par-là, entendu quelques coups de canon. Je vais — par les quais — avenue Montaigne ; et là, Mme ***, inquiète du sort d'une maison directement menacée par les obus, accepte ma proposition d'y aller voir ; sa peur disparaît devant mon assurance, nous partons. Nous montons ensemble, jusqu'au Rond-Point de l'Etoile, l'avenue à peu près déserte des Champs-Elysées. Il n'y a guère, dans tout le chemin, que des fédérés attendant, arme au pied, un signal. Sur la chaussée, stationnent des voitures d'ambulance.....

Cependant le calme sur lequel nous comptions pour effectuer notre course difficile n'était qu'une apparence trompeuse. Les obus pleuvent autour de l'Arc-de-Triomphe. Nous continuons néanmoins, nous avons affaire au-delà. Le numéro de la rue de Presbourg que nous voulons atteindre dépasse l'ex-avenue de l'ex-Impératrice, maintenant avenue du Général-Ulrich. Il faudra traverser toutes ces grandes voies bombardées : avenue de l'Alma, avenue d'Iéna, avenue du Roi-de-Rome, avenue Joséphine, avenue d'Eylau, enfin l'avenue de la Grande-Armée.

N'importe! nous sommes en route : allons toujours. Aussi bien, nous pourrons parler des dégâts d'ici. Avenue des Champs-Elysées, avenue de l'Alma, rue Vernet, rue Galilée, rue de Presbourg, il y a de furieuses marques de mitraille; les obus ont partout signalé leur passage, et voici nombre de lanternes par terre.

Nous parvenons tant mal que bien — en courant, lorsqu'il le faut — à la maison finale qui nous occupe. Mais s'il était peu facile d'y arriver, il paraît à peu près impossible d'en sortir. Le bombardement, qu'on eût pu croire apaisé ce tantôt, reprend avec frénésie. Il est quatre heures et demie. Pendant quarante minutes ce sont des détonations à droite, à gauche, devant, derrière, c'est un fracas d'explosions immédiates à croire à tout moment à notre dernière heure.

Toutefois, une apparence d'accalmie de cinq minutes peut-être semble se produire. Nous nous élançons dans la rue, et..... non, jamais le moment n'aurait pu être pirement choisi. Comme si nous eussions nous-mêmes servi de point de mire, nous sommes positivement poursuivies par un obus qui éclate, non à deux pas, mais à un pas de nous. Mme *** se jette par terre sur sa petite chienne qu'elle voulait protéger du terrible projectile et qu'elle écrase à moitié sous son étreinte désespérée.

Moi, je ne me baisse pas. Quoique peu rassurée, sans doute, je ne puis savoir ce que c'est que la peur et j'observe (hélas!! je ne puis m'empêcher d'observer, quel que soit le danger qui me presse!); je remarque la singulière posture des gardes de la Commune, si pompeux tout-à-l'heure et si fringants, et si profondément aplatis en ce moment par terre avec Mme ***, et je ne puis me défendre de rire de la piteuse figure de ma compagne qui n'ose plus se relever, qui, en toute conscience, se croit morte et de qui le chien pousse, dans ses bras crispés, des hurlements lamentables.

« Si vous me survivez, me dit Mme ***, sans prendre garde que j'ai couru — pour le moins — le même danger qu'elle, à la seule différence près qu'elle était par terre et que j'étais debout, qu'elle a reçu une éclaboussure au pied et que j'ai été écorchée au visage, si vous me survivez, voici la cachette où j'ai enfoui mon argent, sous le troisième pilier, dans la seconde cave, près de l'écurie. Il est là..... pour ma fille ; ce sont mes épargnes pour elle...; rappelez-vous-le, car, pour mon mari, pour le bon vieux, il en a d'autre qu'il ne me dit pas ; ça m'est égal ! Je l'aime bien, pourtant, je l'ai toujours aimé de tout mon cœur, mais ça m'est égal ! Mon Dieu ! pourvu que je n'étouffe pas sa chienne ! Il ne me le pardonnerait pas ! Le pauvre homme ne s'en consolerait jamais ! »

Enfin elle se relève, enfin elle veut bien consentir à reconnaître qu'elle n'est pas morte. Elle se précipite à travers une porte ouverte :

« Nous ne sommes pas des voleuses ! je viens d'être tuée par un obus », crie-t-elle à une vieille femme effarée qui s'empresse de lui jeter toute l'eau de sa loge sur la tête...

— Ce n'est pas pour dire, mesdames, fait un pharmacien sur le pas de sa boutique qu'il referme comme nous avançons, mais c'est très-imprudent d'être dehors par un bombardement et dans un quartier pareils. Oui, mesdames, vous ne m'empêcherez pas de vous le dire, c'est très-imprudent. »

En même temps, il nous fermait au nez le dernier auvent de sa devanture, le volet de sa porte.....

Cette journée, et surtout cette soirée de

mardi fera, du reste, époque dans nos souvenirs du second siége. Je relève ceci dans mes notes rapides, écrites aux lueurs du feu :

Ce soir, à neuf heures, pour terminer sinistrement la journée, j'ai vu du Luxembourg les plus sanglants éclairs qu'ait jamais pu offrir le siége. L'horizon est déchiré de flammes, c'est un vacarme épouvantable, des estafettes courent à bride abattue, suivies de membres de la Commune que la foule acclame et interroge, demandant à tout prix des nouvelles. Tout le monde affolé est dehors. La description de pareilles scènes est impossible. Combat enragé à Châtillon ; Montrouge et l'Observatoire semblent des volcans.

Je ressonge — durant cet orage de tantôt — à cette soirée funèbre. De chères petites chèvres blanches broutent, sans se troubler, l'herbe rare du Trocadéro.

Encore 15 avril, samedi. — Graves, le fusil renversé, un bouquet d'immortelles rouges à la boutonnière, ils défilent tous, tous, ces malheureux bataillons des faubourgs ; beaucoup de vieillards dans leurs rangs, hâves, exténués, misérables : linge absent, chaussures trouées. C'est encore un convoi qui passe, dramatique et terrible. Le cortége fait halte auprès de la statue du maréchal Moncey, entourée de canons, et je lis sur une plaque fixée derrière le corbillard, cette inscription en gros caractères :

« BELLOT, capitaine du 91ᵉ,

« *Tué par les assassins de Versailles.* »

Pas de drap mortuaire sur le mince cercueil ; seule, une capote grise, maculée de sang à l'endroit du cœur. Une musique très-lente joue une marche funèbre, singulière ; on dirait un chant de montagne. Des femmes du peuple lèvent les bras au ciel avec une expression de stupeur. Sous ce régime de poudre, de drapeaux rouges et de tuerie, le pays court à l'aliénation mentale.

Le citoyen Arnould ayant dû donner mon nom et annoncer à ses collègues mes démarches, j'écris au citoyen Protot, délégué à la justice, pour la prompte libération de mon voisin l'abbé. Etre arrêté comme ôtage, sous la seule inculpation capitale d'être prêtre et d'avoir des attaches à l'archevêché, c'est une grosse affaire en ce temps de fureur impie. Mieux vaudrait avoir contre soi une accusation véritable : vol ou meurtre, comme vous voudrez. Ayant fait quelque chose, on pourrait s'en défendre ; mais avec cette unique raison de représenter des ôtages, comment se tirer d'affaire ?

Chacun a peur de ce nouveau *93* qu'on voit possible ; raison de plus pour agir et réconforter tant d'âmes timorées. Je signe de ma plus grosse écriture ma lettre de protestation au citoyen Protot.

Lundi, 17 avril. — Bataille d'Asnières. — « ..... Il se passa, raconte un journal fédéré, une scène affreuse sur le tronçon qui tenait à la rive d'Asnières.

« Les fuyards s'y engagèrent. Les premiers rangs, arrivés à la coupure et pressés par ceux qui suivaient, se couchèrent, afin de ne point tomber dans le fleuve. La foule, devenant de plus en plus grande et de plus en plus affolée, les hommes s'entassèrent les uns sur les autres. C'est dans l'affreux désordre qui suivit, que plusieurs gardes tombèrent dans la Seine et s'y noyèrent.... »

Un journal de Versailles raconte le même fait, et ajoute :

« Versailles, 17 avril, 7 h. 20 m.

« Aujourd'hui nos troupes ont exécuté un brillant fait d'armes. »

Je lis encore dans une feuille qui essaie la conciliation et veut se maintenir en bons termes avec Versailles :

« Après une heure de fusillade environ, presque à bout portant, les hommes se sont abordés corps à corps, à la baïonnette. La mêlée a été horrible et si acharnée des deux parts, que les malheureux habitants de Colombes, témoins forcés de ce spectacle doublement cruel, ont pris la fuite, épouvantés, quittant leurs maisons où ils s'abritaient, au risque d'être tués cent fois par les obus qui arrivaient autour des combattants. »

« ..... Le fort du combat a été entre les deux ponts. On s'est fusillé là avec acharnement. Parfois ceux qu'une balle atteignait étaient précipités à bas du talus et roulaient dans l'eau. Un garde national blessé, et qui essayait de remonter, a été rejeté dans l'eau à coups de crosse de fusil par un gendarme. »

Je revenais ce tantôt de Grenelle, très-songeuse, préoccupée d'une pauvre famille que la guerre a laissée sans asile et sans pain : j'avais négligé de prendre garde au nom des rues et je ne savais plus où retrouver l'omnibus, mon équipage ordinaire et extraordinaire.

Un jeune garçon passait, avec une boîte au lait à la main et un petit paquet sous le bras. Je l'accoste et je lui demande mon chemin :

« — Je vais, dit-il, vous y conduire, je vais par là. » Il avait une casquette de drap très-nette, une cravate nouée gentiment, une veste bien brossée.

« — Je vais porter à papa son dîner, voyez-vous, et je me dépêche pour que le bouillon soit encore chaud. Et même j'ai pris ses pantoufles, car on le fait beaucoup marcher et ses pieds saignent.

« — Où est votre père ?

« Mon papa, — répondit mon jeune guide en se rengorgeant fièrement, — il est au Champ-de-Mars, c'est un capitaine !

« — Capitaine !

« — Oui, il est capitaine ! mais il a beaucoup de mal avec ses hommes, il ne peut en venir à bout, et, comme la cantine est trop chère pour lui, songez donc ! cela lui revient à vingt-quatre sous, et il faut encore payer pour laver la boîte ! ma sœur lui fait la soupe et je la lui porte, comme vous voyez, tous les jours. Voilà trois nuits qu'il ne s'est pas déshabillé ; on s'attend toujours à partir : on les fait tant courir ! Tout d'un coup l'ordre est donné d'aller au fort d'Issy ; puis ça change, il faut se rendre à l'Etat-Major de la place qui vous renvoie à Montrouge, d'où l'on revient au Trocadéro, sans compter les allées et venues, toute la journée, de la place Vendôme à l'Hôtel-de-Ville..... Mon papa est un si bon homme ! Quand il peut épargner les soldats, il prend pour lui toute la fatigue.....

« — Vous avez dit que votre sœur faisait la soupe, vous n'avez donc plus de mère ?

« — Hélas ! non, madame, elle est morte à

la peine! et nous sommes cinq. Moi, j'ai seize ans et demi; la sœur est l'aînée, elle a vingt-quatre ans, c'est elle qui tient le ménage; elle est lingère de son état, mais le métier ne va pas. J'ai un petit frère qui est boiteux, il s'est un jour cassé la jambe; j'en ai un autre qui est poitrinaire; et puis, il y a le grand, celui-là gagne sa vie, il est dans la marine, chaudronnier à Toulon, sur un bâtiment de l'Etat; il a déjà fait un long voyage au bout du monde, et j'espère bien faire comme lui. Et d'abord, moi, je veux devenir un bon ouvrier, comme papa; j'apprends le métier de mécanicien; j'étais dans une usine sur le quai; mais tous les ateliers sont fermés, et puis les patrons sont partis; mon papa non plus n'a pas d'ouvrage, et depuis bien longtemps, depuis la guerre; il s'est bien battu contre les Prussiens, même qu'il a été blessé le dernier jour à la sortie de Buzenval; maintenant nous n'avons — pour ne pas mourir — que sa solde de capitaine...... »

J'ai fait demander un laissez-passer : l'emprisonnement de mon voisin l'abbé ne me fait plus rêver que Mazas et je veux activer ces démarches.....

Voici la teneur de ce premier laissez-passer :

RÉPUBLIQUE FRANÇAISE.

Mairie de l'Hôtel-de-Ville.

« Laissez entrer à l'Hôtel-de-Ville la citoyenne Blanchecotte.

Affaires urgentes.

« Le 17 avril 1871.

« *Le membre de la Commission communale,*

« L. Du Bail. »

Mardi, 18 avril. — Père-Lachaise. — Le peuple est avide d'émotions fortes, il va, par plaisir, voir défiler les enterrements ; il se délecte si quelque exhibition féroce de morts non reconnus lui donne l'affreux spectacle de bières ouvertes.

J'ai entendu de gentilles ouvrières aux doux yeux raconter complaisamment ces impressions de cimetière. De jeunes femmes y mènent leurs enfants : ceux-ci sont contents, ils ont vu les cadavres et le disent avec orgueil aux autres.

Quelle est cette grande femme toute rigide, aux traits durs? Elle paraît plus vieille que son âge; ses cheveux sont encore blonds, sa peau est encore blanche; ses yeux sont intelligents et expressifs. Seules, sur son front sévère, de nombreuses lignes profondes marquent le sillon des années. Elle tient un enfant par la main, son petit-fils, sans doute. Ce pauvre être a vu trop tôt des choses tragiques; son rire étrange est presque idiot; cette figure fait mal. Et pourtant comme il regarde avec amour cette grand'mère terrible, et, comme à son tour, elle l'embrasse! Que de protection et de tendresse dans ces chauds baisers? Quelle est cette grande femme rigide?

C'est Marthe la fossoyeuse, femme de Pierre le fossoyeur. Elle suit son mari, la pauvre âme! dans sa besogne quotidienne. L'enfant allait à l'école autrefois; mais la guerre est venue, puis la famine, puis le froid, puis toutes les privations ensemble. Elle a pris le garçon avec elle; il n'a manqué de rien, je vous jure; elle inventait pour lui du lait et des tartines. A défaut de feu dans le poêle, elle lui mettait ses jupons, l'enroulait de son châle de laine; voyez! elle tricote toujours; il a des bas et des mitaines, il a aux pieds de beaux chaussons. Et puis le métier de Pierre est si bon! pas de chômage au cimetière!

Quand Paris eut ouvert ses portes, on pouvait grossir la marmite, renvoyer le marmot en classe. Mais c'eût été trop dur de s'en séparer, le cœur manqua à la grand'mère. « *Sa peine, dit-elle, n'eût pas été figurable. Tant qu'il aura une chaise pour s'assir, l'enfant jouera dans la chambrée.* »

Elle a été jeune, Marthe la vieille. Pierre en son temps l'a trouvée belle; Marthe a trouvé Pierre à son gré. Les fleurs poussent au cimetière, les oiseaux y fêtent leurs nids. Marthe a eu sa saison de roses, Marthe a eu sa saison d'amour; Marthe, à présent la fossoyeuse, Marthe, cette grande femme rigide, cette vieille grand'mère aux traits durs......

Et maintenant, — férocement, — comme une chose naturelle, Marthe monte à toute heure, tenue par l'enfant à sa jupe, voir derrière la chapelle l'horrible tranchée béante où soixante fédérés attendent qu'on les reconnaisse. «Celui-ci », dit elle, « n'a plus de tête, mais il a encore son képi; cet autre avait le ventre ouvert, on a mis dessus un foulard ; une particulière vient d'en reconnaître un ; c'était son frère, à ce qu'il paraît; c'était peut-être aut' chose ; on n' peut pas savoir...... »

Et l'enfant répète en jouant aux billes et sifflant l'air de :

> C'est Monsieur de Badinguet
> Qui s'en va-t-en guerre ;

« *Oui, celui-ci avait plus d'tête, et celui-là avait qu'un bras.* »

Jeudi, 20 avril. — Bonne réponse verbale ayant été faite à ma lettre de l'autre jour, j'écris aujourd'hui de nouveau à notre délégué de la justice pour lui entretenir la mémoire. Je dis au citoyen Protot que, ministre de la justice, il doit être heureux d'une occasion de rendre la justice, et que cette justice est de libérer au plus tôt les ôtages.....

Nuit du 20-21 avril. — MINUIT. — Est-ce le vent qui continue la tempête sinistre ? Oui,

c'est le vent, orageux et terrible, mais domi-
né par le bruit plus formidable encore et plus
retentissant que jamais du canon. Et tout-à-
coup le clairon d'appel, impérieux, haletant,
désespéré. Puis le roulement des tambours
battant lugubrement la générale. On dirait
tous ces tambours voilés de crêpe. Jamais
oreilles humaines n'entendirent, dans la vie,
pareille marche funèbre. Et le ciel se déchire
d'éclairs : éclairs de bataille, éclairs de sang.
Il pleut; çà et là de rares lanternes fumantes,
sombres ; les maisons s'étoilent successivement de lumières : taches rouges de distance en distance, du rez-de-chaussée à la
mansarde ; des gardes nationaux effarés
passent rapides; des estafettes courent bride
abattue, faisant, sur les pavés, jaillir l'étincelle;
puis des piquets, des patrouilles, des déta-
chements, des compagnies entières vont à
l'ordre , escortées d'officiers; quelques-uns
sifflent pour se donner du cœur. Les chiens
éplorés gémissent ..... Trompés par tout ce
bruit, les coqs se réveillent ; dans leur innocence, les coqs chantent.......

Vendredi, 21 avril. — J'ai la réponse du citoyen Protot. Voici sa lettre :

MINISTÈRE
de la
JUSTICE.

—

Cabinet
du
GARDE DES SCEAUX.

« Paris, 21 avril 1871.

« Citoyenne,

« Je m'empresse de vous informer que l'affaire dont vous me parlez est en voie d'instruction. — Soyez persuadée, à l'avance, que bonne note a été prise de votre réclamation et qu'il y sera fait droit, si, comme je le suppose, elle est marquée au coin de la justice.

« Agréez, citoyenne, mes sincères salutations.

« P. le Membre de la Commune
délégué à la justice :

« *Le Juge d'instruction,*

« MOIRÉ. »

« *P.-S.* — Si vous avez besoin de renseigne-
ments, vous pouvez vous adresser, tous les
jours, dans l'après-midi, au dépôt de la préfecture de police où je suis, ou m'écrire, si
vous le préférez. »

Samedi, 22 avril. — Il y a une profonde
différence, une non-entente absolue entre moi
et les gens du monde, je parle des esprits dis-
tingués, de ceux-là qu'on dit bien pensants,
et cette non-entente, les événements s'aggra-
vant chaque jour, s'accentue chaque jour davantage. Et voici la raison de ce désaccord :
c'est que le monde juge les individus avec la
passion, le ressentiment, la colère, la partialité
de personnalités engagées dans la lutte, personnalités menacées ou compromises, et se
prononce d'après ses impressions troublées ;
tandis que moi (je le dis sans fierté, mais sans
réticence), quelque ruine qui m'atteigne, quelque souffrance qui me paralyse, je pense sur
les grandes questions d'ici-bas exactement la
même chose qu'en temps ordinaire et paisible.
Ma pensée me semble un rocher que tous les
flots de la mer n'ébranleraient ni n'entraîne-

raient. L'ardu problème de la vie, le mystère sombre de la mort ne perdent pas à mes yeux de leur importance, parce qu'en ce moment des masses affolées se battent, se massacrent, se précipitent dans l'éternité sur un soupçon de haine ou de démence.

Ces hommes quelconques, ceux de là-bas, ceux d'ici, ces braves de Versailles, ces égarés de Paris, tous ces pauvres ennemis aveuglés sont des hommes, je le répète ; leur destinée me touche et m'intéresse ; et, de même qu'un médecin s'attache à son sujet dont le cas particulier sollicite le plus toute sa science, l'humanité en délire, l'humanité telle que nous l'a faite la guerre, fait vibrer en moi toutes les fibres de la pitié, de l'anxiété, du dévouement et de la miséricorde.

Utopie ! direz-vous. — Pensez ce que vous voudrez, répondrai-je. Les malades sont des malades : ils ont droit à nos soins. Dans cette grande ambulance de la vie, je ne demande pas à ceux qu'on peut guérir : Etes-vous de *Seine-et-Oise ?* ou êtes-vous honteusement de Paris ?

 « *Qu'on les tue tous ! qu'on les tue vite !* » disait de toute la population de Paris, multitude insurgée et condamnée, une charmante jeune femme, vêtue des plis les plus soyeux, habituée aux rêves les plus roses.....

O mes contemporains farouches ! le sentiment du monde varie, hélas ! selon l'atmosphère. Aujourd'hui, — période de tempête, — il est à l'extermination et à la vengeance. Le devoir d'aujourd'hui ressemble, -- pour moi, — au devoir d'hier : ramener ceux-ci, fortifier ceux-là. La miséricorde de demain sera, — pour moi, --- pareille à la miséricorde légitime d'hier : éclairer, encourager et sauver.

O luttes criminelles dans la grande famille ! Caïn ! Caïn ! qu'as-tu fait de ton frère ?

J'ai fait aujourd'hui un effort extraordinaire : le post-scriptum de cette lettre d'hier m'ouvrant des horizons possibles, je me suis ordonné un grand courage et je suis allée au dépôt de l'ex-préfecture. Je dis que c'était un grand effort, parce que j'aime peu à montrer ma figure; une démarche personnelle est ce qui me coûte le plus au monde. Je ne connaissais rien à ces bâtiments de police ; de toute ma vie je n'y ai mis le pied, et je me perdais dans ces cours nombreuses. Il pleuvait à verse ; un fédéré, de service à la porte, vint

— très-obligeamment, je dois le dire, — me servir de cicerone sous cette pluie diluvienne. Le malheureux n'avait que le souffle ; celui-là, certes, n'était pas ivre, on eût dit un squelette en uniforme. Comme je le remerciais de sa complaisance :

« *Ah ! mais,* » fit-il « *on n'est pas des sergents de ville !* »

De la crosse de son fusil il frappe pour moi à une porte garnie de chaînes : un grand bruit de verroux se produit à l'intérieur et j'entre, au milieu de sentinelles, dans une salle noire encombrée de monde.

Le juge d'instruction n'est pas là, mais il va venir, il faut attendre. Je présente ma carte et dis la raison qui m'amène à l'officier de garde dont les dorures brillent dans toute cette nuit ; ma grande signature l'intéresse et me vaut, de sa part, l'unique chaise du lieu ; me voici au haut de la salle, sur la sellette.

Que de figures ! que de figures ! Beaucoup de femmes ; elles viennent implorer une entrevue de cinq minutes avec des prisonniers, elles apportent de menues provisions et même des livres. Le tout est soigneusement inspecté, de peur qu'il ne s'y trouve papier ou lettre. Je n'avais jamais vu toutes ces choses. Que de plis et de replis dans cette sombre étude humaine!

Une jeune fille, je devrais dire une petite fille, à côté de moi, nu-tète, en taille, un nœud vert au chignon, un petit nez trèséveillé mais sans malice, mange et pleure à la fois; l'un chez elle n'empêche pas l'autre; elle a un petit panier au bras où je vois luire encore des tartines.

» Je suis ici pour mon père, me dit-elle; voilà quinze jours qu'on l'a arrêté comme ancien sergent de ville; ce n'est pas vrai; mon père est cordonnier et ne fait que son état; tous les gens du quartier ont signé une pétition, on a promis sa grâce à ma mère qui vient ici tant qu'elle peut; moi, j'apporte mon déjeûner pour ne pas manquer le juge d'instruction. On me dit tous les jours que mon père va sortir; mais c'est tous les jours la même chose, et voilà plus d'une semaine que ça dure; je ne peux pas saisir ce juge d'instruction; telle que vous me voyez, je l'attends encore, je ne l'ai jamais vu; croyez-vous qu'il vienne? Et vous, pour qui venez-vous? Est-ce pour votre mari? »

Des sanglots, non, des cris se firent entendre; une lourde porte grillée venait de tourner sur ses gonds, et une femme se précipitait où nous étions, en proie au plus violent désespoir...

« Je l'ai vu! je l'ai vu! j'ai vu mon enfant! »

« — Oh! ça, c'est affreux! me dit ma petite voisine, cette pauvre petite fille de sergent de ville. La malheureuse femme! son fils — de quinze ans — a tué en jouant son camarade. Il lui disait en riant, avec un fusil qu'il ne savait pas chargé : « Veux-tu que je te tue! » L'autre, en riant aussi, s'est mis en posture et a répondu : « Allons-y! » Le coup part, il était mort! »

. . . .

J'ai vu le citoyen Moiré, ce juge d'instruction introuvable; il a été très-courtois, attentif à ma cause. J'ai reconnu sur son bureau une des bonnes lettres chaleureuses qu'écrit, lui aussi, pour mon prisonnier, M. le Directeur de la Clinique, homme d'esprit, très-distingué, qui tient à son aumônier et le réclame. Puisque je suis écoutée en ce lieu, je ne manque pas cette occasion de parler des autres ôtages. Je veux persuader à la justice du jour que la déférence est son premier devoir, d'abord, la libération ensuite. Le substitut qui interroge en ce moment les détenus et qui va ce soir même à Mazas est là et prend des notes. Je lui fais écrire mon nom, celui de l'abbé et la promesse — d'honneur — de l'élargir tout de suite. C'est un homme jeune, élégant, songeur, renfermé, presque mélancolique. Je ne m'étonnerais point qu'il ait commis des vers dans sa vingtième année.......

Séance tenante, j'obtiens aussi du citoyen Moiré — décidément gracieux — un second laissez-passer pour mes courses. Le ministère de la justice, que je voudrais transformer en ministère des grâces, est gardé comme une forteresse, un sauf-conduit est nécessaire.....

Cette faveur d'exception, cette largesse de laissez-passer n'est point sans éveiller des craintes. Le citoyen Moiré lève la tête en l'écrivant, et il me dit :

« Ceci est la plus grande marque de confiance qui se puisse donner, nous n'avons rien de cela nous-mêmes. »

Voici ce second laissez-passer :

<table>
<tr><td>MINISTÈRE
DE LA JUSTICE
ET DES CULTES
—
Cabinet
du
GARDE DES SCEAUX.
—</td><td>« Laissez-passer madame Blan-
checotte pour arriver à la déléga-
tion de la justice.

« P. le Membre de la Commune,
délégué à la justice :
« *Le Juge d'instruction,*
« Momé. »</td></tr>
</table>

C'est très-bien. Mais un geôlier, sortant tout-à-coup d'une cellule avec une casquette de prison, un carrick et un trousseau de clefs, figure dont je n'oublierai jamais l'air farouche, ne voulait-il pas me retenir et m'écrouer? Il y eut des pourparlers : j'étais prisonnière. Un certain temps se passa. Il fallut un nouvel ordre *écrit* du juge d'instruction, une sorte de *verdict* en ma faveur, et enfin, j'entendis une voix : « Oui, *laissez-la passer ;* laissez sortir madame B..... »

Dimanche, 23 avril. — Le pauvre Émile Deschamps est mort : son billet d'enterrement pour demain m'arrive. Sainte Poésie! J'en parlerai plus tard, en des temps moins troublés. Il était adorable pour moi, ce doux poëte, plein d'esprit et de grâce.

Lundi, 24 avril. — Il faisait aujourd'hui un temps charmant; il était question d'un armistice pour les malheureux bombardés de Neuilly. L'accord n'a point encore eu lieu, on se bat au nord comme au sud; mais le canon est comme un grondement d'orage : on lève les yeux au ciel, oubliant que la tempête est uniquement sur la terre...

Je suis sortie de Paris une heure; ce Paris douloureux m'oppressait : j'ai passé la porte de Charenton, sans consentir à m'apercevoir des casques prussiens ou des bérets bavarois qui sont là et, suivant, songeuse, le bord de l'eau, j'ai gagné le château de Conflans. Quelles belles fleurs j'ai rapportées! Des lilas de toutes nuances, toute une gerbe magnifique. Et voici que je rentrais avec ma moisson embaumée par la porte de Montrouge, le long du boulevard Saint-Michel. Il faisait soleil, ai-je dit;

les malades de l'ambulance du Luxembourg étaient dans les jardins de l'ancienne pépinière, avec leurs grandes capotes grises.

« — Madame! madame! » fait une voix.

Je me retourne, c'était un des blessés qui m'appelait : figure d'Afrique, de grands yeux noirs sur un teint mat. Sa tête était enveloppée de linges...

« — Ah! madame! ces beaux lilas! cela me ferait du bien si j'en avais une branche! Je suis de la campagne! j'aime tant les fleurs! »

Tandis qu'en souriant et lui demandant son nom je défaisais mon bouquet pour le contenter, il était allé, clopin-clopant, cueillir quelque chose...

« — Et moi! et moi! » dirent soudain, un à un, tous ses camarades.

Et voilà, comme je lève les yeux pour distribuer mes grappes de lilas blancs et mauves, qu'ils me présentent, comme en chœur, un et tous, en échange, des giroflées, des muguets, des petites fleurs de marronniers, tout ce qu'ils avaient pu trouver...

« — En souvenir des blessés du Luxembourg! » me dit le plus âgé, ce jeune soldat d'Afrique qui, le premier, avait convoité mes lilas...

Je leur avais donné mon bouquet, et j'emportais le leur...

Le mien parlait de larmes, le leur parlait de sang...

De grandes voitures les avaient amenés l'avant-veille où s'était passée une chaude affaire...

« *En souvenir des blessés du Luxembourg!* »

Ces fleurs me font du mal à regarder.

Eh bien! non! je le redis et le répète : l'humanité n'est pas faite tout d'une pièce! On se bat, on s'acharne, on s'estropie, un chirurgien vient vous amputer bras ou jambe; et cela n'empêche pas d'aimer le soleil, un sourire, de beaux et doux lilas pleins de rosée!

Bonne nouvelle : le citoyen Cournet remplace le citoyen Raoul Rigault à la délégation de la préfecture de police; ce dernier n'est guère favorable aux élargissements de prêtres. Profitons de ce passage du citoyen Cournet. J'ai confiance en cette figure qui fait ressonger à Monselet : beaucoup de clarté, une vraie bonhomie qui n'exclut pas la finesse, de l'honnêteté. Ceci me rappelle ce que me disait l'autre jour un notaire, à propos de notre fantasmagorie communale : « Il y a de tout dans cette représentation parisienne : des fous, des niais, des idéologues, des fanatiques, des ambitieux, des convaincus, des repris de justice, et même..... des honnêtes gens. »

Mardi, 25 avril. — Je fais un nouvel effort très-grand; notre prisonnier ignore sans doute les démarches qui sont faites; il se désespère, m'apprend-on, et devient malade. Allons à l'Hôtel-de-Ville; une nouvelle démarche personnelle déterminera peut-être bien des choses. Tous ceux qui me connaissent savent si bien ma vive résistance à me montrer, le battement de cœur aigu que me cause une visite à faire! Je n'ai pas vu le citoyen Arthur Arnould depuis le vieux temps de Béranger, de Lamartine et de Sainte-Beuve. Il mesurera la gravité de la cause qui m'occupe à l'étonnement extraordinaire que lui produira ma présence.

Oui, l'étonnement a été extraordinaire; oui, l'impression a été ce que j'en attendais. Le citoyen Arthur Arnould, membre de la

Commune, est redevenu un moment le modeste et obligeant littérateur d'autrefois, l'écrivain non politique de contes et de nouvelles, et il a écouté ma requête ni plus ni moins que s'il m'eût rencontrée — comme jadis — dans la petite chambre du chansonnier.

Et j'ai causé longuement, pour que chacune de mes paroles fût répétée — s'il se pouvait — à son collègue de la justice. Il ne faut point manquer de dire ses vérités au *pouvoir*; j'ai été jusqu'à parler de la Prusse, faisant valoir que notre ôtage étant d'origine alsacienne, il pourrait — avec un profond regret pour son patriotisme, car son cœur est ardemment et à jamais français — réclamer une intervention allemande.....

Et puis, cette grande conquête sur moi-même étant obtenue, d'avoir fait aujourd'hui une démarche difficile, je me suis payé le soleil du bon Dieu, j'ai fait par ce beau temps toutes mes courses; j'ai porté moi-même à son Ministère une dernière et toute pressante missive au citoyen Protot, et j'ai regardé avec une vraie commisération tous ces pauvres hères qu'on fait tant marcher pour *trente sous !* Une conviction de trente sous ! Mon Dieu ! que ne suis-je moins pauvre ! Je donnerais à chacun de ces hommes trois francs en belle monnaie blanche pour aller se coucher ! Cette seconde conviction serait bien plus persuasive que la première.

Comme je sors de l'enceinte fortifiée de la place Vendôme, un officier qui gardait l'entrée, — très-galonné, excessivement décoré, — me présente les armes et, lisant mon laissez-passer :

« — Vous méritez, me dit-il, d'être de l'état-major. »

« — Oui, j'en veux être, répondis-je ; de l'état-major de la pensée, de la conscience, du beau, du bien et du bon dans la vie ; ce sera là mon grand cordon de la Légion d'honneur. C'est un crime de se révolter, c'est une honte de se battre ! Par ce beau soleil pourquoi ces canons ? »

Toute chose dite très-doucement, avec la tendresse dans la voix que prête la compassion des misères de la vie, acquiert — je l'ai vu — une autorité surprenante. C'est le mépris, témoigné par le regard, le geste, la parole, qui aigrit et envenime sans ressource nos adversaires; c'est la pitié calme, magnétique, fraternelle, qui les dompte et les sauve.

Quelle belle musique place de la Concorde! Car — j'ai oublié de le dire — il y a décidément armistice aujourd'hui pour le déménagement dans Paris des pauvres bombardés de Neuilly et des Ternes. Le général Dombrowski se donne à lui-même une petite revue de fédérés. Des bataillons, très-empanachés, circulent en rond autour de son état-major; les fanfares militaires jouent avec toute la verve d'une belle journée et d'un beau soleil : « *Mourir pour la patrie* » et notre immortelle *Marseillaise*. Le peuple, le même peuple, qui bientôt criera : *A mort! à mort!* n'a pas assez de poumons aujourd'hui pour crier : *Vive Dombrowski! vive la Commune!*

Huit heures du soir. — Victoire! Beaucoup de monde sur le seuil de ma porte; j'entends mon nom avant d'y être. Une grande dépêche communale marquée de timbres officiels et portant l'indication : *pressée*, cause l'émotion extraordinaire du voisinage. J'en fais publiquement la lecture :

DÉLÉGATION
de la
JUSTICE
18, place Vendôme.

République française.

—

COMMUNE DE PARIS.

—

Paris, le 25 avril 1871.

« Madame Blanchecotte, *rue.....*

« J'aurais voulu répondre plus tôt à votre lettre du 23, mais je n'ai pu le faire en raison des nombreux travaux qui m'accablent tous les jours. Je compte aller à Mazas dans la soirée et je vous donne, dès maintenant, l'assurance que le citoyen *** fera partie de ceux que je mettrai en liberté.

« Salut fraternel.

« MOIRÉ, »

« *Juge d'instruction.* »

Dix heures. — En effet, l'abbé rentre; j'entends l'explosion de joie de sa domestique.

Je ne veux pas qu'il me remercie; je suis
assez récompensée d'avoir réussi. C'est peut-
être la seule joie que j'aie eue de ma vie!
Un seul, un seul pauvre jour n'avoir pas été
absolument inutile!

*Mercredi, 26 avril. — Une visite à la mairie
du quinzième arrondissement.*

Je venais d'être poursuivie de sifflements
d'obus, rue Blomet, rue de l'Abbé-Groult,
rue Mademoiselle; le fort d'Issy, selon son
habitude, faisait rage; les canonnières s'en me-
laient sur la Seine, et c'étaient, de tous côtés,
des ripostes terribles; enfin, j'arrive place de
la Mairie : justice de paix, maison de ville;
Vaugirard et Grenelle n'ont qu'une municipa-
lité; j'avais fait sous le bombardement une
route insensée.

Une foule de pauvres se chauffaient comme
des lézards au soleil; des gens assignés en
conciliation (j'allais dire en *contestation*) attendaient sur les marches. Des femmes en mar-
mottes, vieilles, abruties, répugnantes, venaient
solliciter des journées de pavés ou de barricades et s'apostrophaient mutuellement d'in-

jures. Elles « *s'aboyaient* », pour me servir élégamment d'une de leurs expressions.

Je vais à travers toutes ces gens et tous ces genres : masculin, féminin, neutre, et pénètre dans une salle, je ne sais laquelle. Personne d'officiel. Je m'assieds à côté de beaucoup d'autres aspirants, sur un banc de bois. Mais un fédéré, dès la rue et la place, m'avait prise à mon insu sous sa protection. Il portait, en guise de ceinture, une belle écharpe violette frangée d'or. Grand et mince, l'air très-mouton, du reste, il marchait et se balançait en se souriant très-agréablement et complaisamment.

Avec force saluts, force *bonnetades* (selon l'expression de Montaigne) et une bonne volonté qui n'eût pas demandé mieux que de soulever des montagnes :

« — Qu'y a-t-il pour votre service, madame ? Madame, qu'est-ce que nous pouvons faire pour vous ? »

J'avais besoin d'une légalisation de signatures pour tirer d'embarras un pauvre diable de locataire de qui l'on allait vendre les débris de meubles; je le lui dis.

« — Madame, le citoyen délégué n'est pas

là; mais, aussitôt qu'il va entrer dans son cabinet, j'aurai celui de vous l'annoncer tout de suite. »

En effet, à peine avais-je eu le temps de regarder, pour m'amuser, les curieuses figures qui m'entouraient, que la belle écharpe violette frangée d'or reparaissait à l'horizon, me faisant des cérémonies ni plus ni moins que s'il se fût agi d'une présentation à la Cour.

J'étais devant le citoyen délégué, grand-lama ordinaire et extraordinaire du quinzième arrondissement, aujourd'hui adjoint et ami du citoyen membre de la Commune, Jules Vallès.

J'ai nommé le citoyen Georges, blond, jeune, aimable, courtois, ahuri, tout à tous, tout à toutes, et..... perdant la tête.

Car c'était le temps où la Commune venait de décréter que, pour contracter mariage, il n'était besoin que de se présenter, homme et femme, et de dire : « Je la veux, je le veux », ce à quoi le maire n'avait qu'à répondre : « J'y consens. » Un autre décret portait que les veuves des fédérés, morts pour la défense, auraient droit,

mariées *ou non*, à une rente viagère. Enfin, des indemnités étaient incessamment ré-
clamées et accordées à des femmes, toujours *mariées ou non*, dont les maris, époux
à vie ou à terme, à poste fixe ou provisoire, servaient le drapeau rouge. Puis, venaient à la suite les menues besognes, les infi-
nis honneurs de l'administration en détail :
les écoles, l'assistance publique, etc., etc.

« — Citoyen délégué, un bon s'il vous
plait, pour avoir un crayon » ; — « citoyen délégué, un permis, je vous prie, pour porter la
soupe à mon homme » ; — « citoyen Georges,
voilà huit jours que mon mari est malade, et,
sous prétexte qu'il ne fait pas son service,
il ne reçoit plus sa solde et je n'ai plus mes
quinze sous. »

Je tombais dans tout ce tourbillon.

« — Citoyen, dis-je, vous êtes extrême-
ment occupé, je suis moi-même fort pressée,
vous n'avez pas besoin de comprendre ce
que je viens vous demander, c'est tout-à-fait
inutile, cela prendrait du temps, je vois d'a-
vance que vous avez confiance en moi. Veuillez uniquement et simplement (et je lui pré-
sentai des papiers que j'avais préparés

moi-même, (1), me mettre ici des ronds, des sceaux, des cachets, des signatures, beaucoup de timbres ; j'ai besoin de timbrer des gens ; il me faut pas mal de sceaux, le reste sera mon affaire. »

Le citoyen Georges secoua galamment ses cheveux blonds, ne lut pas, et fit très-gracieusement ce que je lui demandais : tous les sceaux, tous les cachets, tous les timbres diversement colorés de l'administration y passèrent ; mes papiers représentaient à eux tout seuls le quinzième arrondissement tout entier ; et, de plus, de sa blanche main de délégué, le citoyen Georges y apposa cet autographe :

> « Vue et aprouvé :
>
> « *Le délégué adjoin,*
>
> « GEORGE. »

(1) Voici un de ces papiers que, dans l'intérêt du pauvre diable en question, je présentais à la légalisation communale :

« *Je soussigné, ayant dû quitter la France, ma femme qui était restée étant morte, étant moi-même malade à l'hôpital et mes enfants étant sans pain, reconnais n'avoir point payé à mon propriétaire, M***, les trois termes échus pendant la guerre.* » (Il reconnaissait ainsi une dette et s'engageait, l'ouvrage reprenant, à la payer.)

Mais, comme le citoyen Georges me remettait le tout, un scrupule inattendu le saisit, la responsabilité de la dignité communale gonfla ses tempes qui rougirent, et il s'écria :

« J'espère bien, madame, que vous n'êtes pas pour les *Proprilliétaires !* »

Je le regardai d'un air qui, certainement, a dû signifier, dans son esprit tranquillisé :

« — Pour qui me prenez-vous !!!!! »

« — Eh bien ! madame, êtes-vous contente ? avez-vous, madame, tout ce que vous désiriez ? » vint me dire, en se balançant et se souriant, la belle écharpe violette frangée d'or qui, pour me resaluer un dernier coup, quittait un groupe très-décoré.....

Samedi, 28 avril. — Je suis allée à Saint-Denis ; c'est par là qu'il faut essayer d'avoir ses lettres ; l'affluence des Parisiens est énorme ; quant à nos ennemis, ils sont ici comme chez eux, ils font la police et surveillent en vrais sergents de ville la circulation des voitures ; il y a toujours un marché dans les rues ; ies Prussiens fraternisent avec la population, on fume ensemble une série de pipes, on s'assied ensemble sur les mêmes brancards de légumes. Des belles se font admirer dans leurs toilettes d'avril; la beauté est cosmopolite : amis et ennemis font chorus pour elle. Quelle différence d'aspect avec le Saint-Denis du siége, quand j'y venais, en plein bombardement, pour les ambulances! Cette solitude sévère séyait mieux à l'impression de nos désastres. Aujourd'hui, les trous de bombes sont raccommodés, les Prussiens disent des Parisiens :

« Pas sage! Paris! pas sage! »

Et ils font de la musique là-dessus.

Que dis-je! de la musique! Tandis que nous entrons, nous autres, Parisiens de l'ordre, dans une période d'angoisses, il y a spectacle ici pour les réfugiés de la capitale. Je copie une affiche :

> *Ce soir, 28 avril :*
>
> SI J'ÉTAIS-T-INVISIBLE.
>
> MON OSCAR.
>
> LA BOITE MYSTÉRIEUSE.

Mes yeux lisent bien! Et voilà la vie humaine!

Samedi, 29 avril. — Les journaux parisiens continuent les légendes du siége et achèvent de griser abominablement les fédérés crédules. Exemple :

« Le 75ᵉ et le 89ᵉ de ligne ont été décimés avant-hier au soir.

« Ils s'étaient avancés au pas de course sur le fort d'Issy; on les laissa arriver à une centaine de mètres, et une décharge de mitraille et de mitrailleuses les coucha sur le terrain. Plus de *quinze cents hommes* furent mis hors de combat..... »

Et cependant la raison de quelques-uns proteste contre ces prétendus succès *(succès !)* extraordinaires : ceux-ci poursuivent la lutte pour ce qu'ils appellent l'honneur de la cause; leur conscience d'insurgés les y oblige, mais ils prennent, ils le disent eux-mêmes, *un billet d'enterrement,* et ne se dissimulent pas l'issue inévitable de ce conflit féroce. Je regardais tantôt, dans l'omnibus qui me ramenait chez moi, une figure d'adolescent si naïve, si enjouée, si jeune et si communicative sous son attirail de sabre et de fusil que je ne pus m'empêcher de m'écrier :

« — Mais, mon enfant, quel âge avez-vous ?

« — Dix-sept ans, madame. Je suis un volontaire, car, voyez-vous, je suis du peuple ; mon grand-père a été tué en Juin, mon père est mort de chagrin, ma mère m'a dit : « Vengeles ! » Ce n'est pas que nous gagnerons, nous ne gagnerons jamais. *Nous sommes les moutons, nous serons toujours tondus…..* »

Certitude de la défaite, vengeance désespérée, haine sociale, j'ai trouvé bien des fois ces sentiments-là combinés ensemble. Mères plébéïennes, c'est là maintenant la prière du matin et du soir que vous enseignez à vos fils ! J'aimais mieux l'autre : « Notre Père, qui êtes aux cieux,… que votre règne arrive ! » Avec ce bouleversement des consciences exaspérées et ensanglantées, ce n'est pas le règne du ciel qui arrive, c'est le règne de l'enfer !

Dispute tout-à-l'heure place de la Bourse où j'étais pour affaires : un lieutenant et un capitaine se jetant l'un sur l'autre, avec une avalanche d'injures, voulaient réciproquement s'arracher leur croix :

« — Tu ne l'as pas gagnée!

« — Et toi, tu l'as volée! »

Des coups de sabre s'ensuivirent ; — et, tout à côté, rue de Richelieu, des musiques fédérées avec des drapeaux, des rubans aux fusils, des emblèmes au képi et des fleurs à la boutonnière exécutaient de grands airs d'opéra. C'étaient des quêtes républicaines. Des cantinières aux plumes rouges et aux ceintures flamboyantes tendaient leur tire-lire aux passants, et, fixées au bout de longues piques, des boîtes s'offraient aux fenêtres et recevaient, au rhythme d'une polka ou d'une marche funèbre, l'offrande des maisons sympathiques.

Durant ce temps la manifestation conciliatrice des francs-maçons, tous revêtus de leurs insignes et décorés de leurs bannières, offrait aux promeneurs des boulevards et des Champs-Elysées l'ondoyant spectacle de couleurs fantastiques ; et l'on voyait des soleils, des lunes, des croissants, des équerres, toutes sortes de choses symboliques et cabalistiques reluire en or et en argent sur les écharpes de hauts dignitaires. Il s'agit de faire un appel suprême à Versailles, de planter jusque sur les remparts, sous le feu même du Mont-Valérien, le drapeau fraternel et humanitaire de l'apaisement des âmes.

Et comme c'est une belle chose, après tout, de suivre cette procession surnaturelle, les passants se pressent, nombreux et fascinés; chacun cherche s'il n'a pas aussi, — dans un fond de tiroir, — quelque emblème de franc-maçonnerie.

Apaisement des esprits! désarmement des âmes! nous ne voulons que cela, nous, femmes désolées et impuissantes! Le fusil nous fait horreur, la vue des blessés nous fend le cœur, la pensée du sang répandu nous consterne et nous terrifie; si, au lieu d'un drapeau, un holocauste humain pouvait être propice, c'est avec joie qu'entre les deux camps, le cœur ferme et les bras ouverts, j'irais, moi qui parle, offrir bienheureusement ma vie. Mais la conciliation est-elle possible? Une transaction quelconque, c'est une acceptation. Versailles ne peut pas accepter Paris. La Commune dit : *Conciliation, c'est trahison.* Il est bien d'élever la voix, il est bien d'essayer d'agir; ces bannières innocentes font bien d'aller se planter sous les balles; mais toute intervention est inutile ; le plus fort seulement vaincra le plus faible ; c'est un duel à mort d'artillerie ; faites silence : le canon parle !

Dimanche soir, 30 avril. — De ma haute fenêtre je vois au loin, dans la direction des Champs-Élysées, un feu d'incendie considérable ; le ciel n'est qu'un foyer là-bas ; les toits de maisons semblent des fournaises!....

On m'apprend qu'en effet c'est un incendie allumé par les bombes ; l'Hippodrome brûle, ainsi que plusieurs propriétés environnantes.

L'issue certaine de toutes ces choses gagne du terrain chaque jour ; le fort d'Issy, qui lutte en désespéré comme un navire désemparé sous la tempête, a dû se taire, paraît-il, aujourd'hui. Tous les hommes jeunes qui ne sont pas sans ressource fuient comme ils peuvent à travers tous les dangers des portes ; la Commune, qui se sent faiblir, réclame impitoyablement des défenseurs ; le décret de service forcé pour tout individu qui n'a pas quarante ans reçoit son application rigoureuse. Quelle contradiction cependant que cette tyrannie! Si vous violentez ma conscience, si vous supprimez la liberté de mon choix, quel pauvre soldat je vais faire! Etre révolutionnaire me semble par-dessus tout être volontaire. La révolte, c'est la spontanéité, c'est l'initiative, c'est la responsabilité individuelle. Ici, c'est l'enrôlement exigé, la contrainte obligatoire, absolue. Toutes les libertés, du reste, s'en vont à vau-l'eau sous ce régime d'émancipations prétendues ; les journaux sont supprimés, les églises deviennent des clubs, les citoyens-soldats dénoncent les citoyens-civils. Aussi, comme Paris est désert, comme Paris est mélancolique! Je me crois en province ; j'ai de grands efforts de raisonnement à me faire pour me persuader dans la journée que je suis bien véritablement à Paris, la pauvre capitale!

Lundi, 1er mai.

« Aujourd'hui premier mai, date où mon cœur s'arrête,
« Du hameau paternel c'était aussi la fête.....

. . . .

« O mon Dieu! que la terre est pleine de bonheur ! ..... »

Pourquoi donc ces vers de *Jocelyn* me chantent-ils dans la mémoire ? Quelle contradiction que nous autres ! Je dirais volontiers avec le vieux Faust : « Pourquoi donc, chants du Ciel, chants puissants et doux, me cherchez-vous dans la poussière ? Retentissez pour ceux que vous touchez encore... . »

Oui, quelle contradiction que nous autres !

Aujourd'hui , 1er mai , la Commune, sur la proposition du citoyen J. Miot, a décrété la création d'un Comité de Salut public.

Article premier. — Un Comité de Salut public sera immédiatement organisé.

Art. 2. — Il sera composé de cinq membres, nommés par la Commune, au scrutin individuel.

Art. 3. — Les pouvoirs les plus étendus sur toutes les délégations et commissions sont donnés à ce Comité, qui ne sera responsable qu'à la Commune. »

Cette mesure révolutionnaire , renouvelée de 93, va épouvanter la population parisienne.

Quelle figure douce et placide pourtant, quelle physionomie digne et pure que cette tête philanthropique et philosophique du citoyen Miot ! Il y a de l'utopie, à coup sûr, mais de l'élévation et de la contemplation dans cette pensée. Rochefort s'étonne aussi et dit dans son *Mot d'Ordre :*

« M. Miot, l'ex-pharmacien populaire, va peut-être un peu loin en manifestant dans les séances de la Commune que, selon les circonstances, il ne faudrait pas reculer devant la nécessité de couper des têtes. Ceci n'est plus de la pharmacie, c'est de la chirurgie au premier chef, et la chirurgie a pour l'instant suffisamment à faire aux ambulances. »

Notre voisin l'abbé, qui est tout-à-fait rentré dans ses fonctions charitables, me raconte un gros regret qui lui est resté sur le cœur : le jour de son arrestation à l'archevêché, on a consigné tous les objets qui se trouvaient sur lui, et, parmi ces objets remis ensuite au commissaire central, le citoyen Henri, il y avait une montre à laquelle s'attachait pour lui un souvenir précieux. Je l'engage à faire la réclamation de cette restitution légitime ; mais l'ex-préfecture lui inspirant des réflexions peu rassurantes, je m'offre d'y aller voir moi-même, puisque j'ai pu réussir en des démarches plus graves.

Je suis donc allée au bureau de la *Permanence* (entrée par le quai des Orfévres). Je crois que ce côté de l'ex-préfecture s'appelait autrefois *rue de Jérusalem*, ou du moins je m'imagine avoir lu cela dans des romans tragiques. Dans tous les cas, ce nom de *rue de Jérusalem* s'associait dans ma pensée à une signification de voleurs, d'assassins, de choses effroyables et abominables ; mes ressouvenirs y rattachaient toutes sortes d'évocations sinistres.

Et maintenant je pourrai parler aussi de la rue de Jérusalem ! Je pourrai même en parler longuement, car j'ai été si étonnée de me trouver en ce lieu extraordinaire, que je me propose de retracer à loisir ces impressions étranges...

Mercredi soir, 3 mai.— Je suis allée à Versailles ; je ne crois pas qu'il soit absolument impossible — en dehors de tout programme inacceptable — d'essayer quelque chose pour notre archevêque, et je me mets volontiers à la tête de cette entreprise, surtout s'il y a du danger. Nul ne saura, du reste, mes tentatives ou mes efforts jusqu'à ce jour ; en ces temps si troublés, il faut assumer — toute seule — la responsabilité périlleuse de ses actes.

Beaucoup de monde, hier, pour sortir de Paris ; chacun se raconte les stratagèmes de ses voisins pour échapper à la conscription révolutionnaire. Un restaurateur — philan-thrope — a sauvé tout son personnel, c'est-à-dire dix-neuf employés, en les insérant, la nuit, dans dix-neuf tonneaux de bière. Ils sont arrivés ainsi sains et saufs chez son cor-respondant de Versailles.

Ce voyage de Versailles est une aventure. Il faut passer sous les obus de Gennevillers et de Colombes, sans compter les émotions de l'arrêté qu'on se rappelle :

« Toute personne prévenue de complicité avec le gouvernement de Versailles sera im-médiatement décrétée d'accusation et incarcé-rée. »

Cette complicité avec le gouvernement de Versailles peut consister en une lettre inoffen-sive reçue de ce département réactionnaire, à plus forte raison est-il compromettant d'y faire un voyage. Paris vous soupçonne parce que vous allez à Versailles ; Versailles vous suspecte parce que vous venez de Paris : passion des deux côtés; des deux côtés la menace. Seigneur, quelles ténèbres profondes!

J'ai été rassurer des parentes, mais j'ai voulu rentrer chez moi. Qui sait si je n'aurai pas à y être utile? Je ne déserte pas ma ville natale; si je ne puis désarmer qu'un bras, si je ne puis pacifier qu'une âme, je désarmerai ce bras, je pacifierai cette âme. L'atmosphère de Paris m'oppresse, l'atmosphère de Versailles m'étouffe. L'exaspération est ici à son comble; je comprends ce sentiment vis-à-vis des chefs de la Commune triomphante; je ne le comprends plus vis-à-vis des prisonniers vaincus, ce troupeau d'inconscients, d'égarés, de sacrifiés des deux côtés, ces parias de l'émeute : tuez-les dans la bataille; enchaînez-les, emprisonnez-les, jugez-les, condamnez-les dans la défaite; ne les insultez pas : ils sont par terre!

Je n'ai pas vu ces convois de prisonniers qui débouchaient sur la place d'Armes; j'ai mis ma main devant mes yeux pour ne rien voir ni des vainqueurs, ni des vaincus; mais, hélas! mes oreilles n'ont pas pu s'empêcher d'entendre; et parmi des malédictions passionnées, j'ai distingué — est-il possible ! — des voix de femmes !

« Pas de prisonniers ! la crosse de fusil est encore trop bonne pour eux ! à mort les bandits ! »

Ce qu'il y a d'affreux dans un tel cataclysme social, c'est, après la folie de meurtre des hommes, l'absence de pitié des femmes. L'irritation a envahi toute la province ! Paris est l'opprobre du monde.....

« Notre Père, qui êtes aux cieux, que votre règne arrive ! »

Vendredi, 5 mai. — Je suis retournée à la *Permanence* pour cette montre introuvable et que l'on me promet pourtant de me rendre. Que de choses j'ai vues ! horribles et grotesques ! Les dénonciations contre les réfractaires sont à l'ordre du jour ; aussi, que de vengeances sous prétexte de patriotisme ! Le crime de ce temps — crime commencé dès le siége — est d'avoir fait appel aux pires instincts de l'homme, à ses sentiments les plus vils par cette émulation de police citoyenne ! Si j'étais quelque chose — dans cette confusion des aberrations parisiennes — je commencerais par faire arrêter les dénonciateurs. Je n'ai jamais vu de démoralisation plus grande inscrite sur plus de figures avec une expression de cynisme plus lamentable qu'en ces occasions de mes démarches aux bureaux de police. C'est le renversement de toute notion d'honneur et de conscience. J'affirme qu'à travers la vie je n'avais rien vu de semblable jusqu'à ce jour. J'en ferai un récit distinct. Et des figures jeunes et naïves se meuvent dans ce milieu épais! De pimpants secrétaires — que les accusés nomment *majors* — procèdent aux interrogatoires, avec une branche de muguet à la boutonnière, un nœud de cravate bleu de ciel et des manchettes éclatantes sur des mains effilées!

Est-il bien vrai que nous ne rêvons pas?

Je n'ai pas encore eu la montre et, renvoyée de Caïphe à Pilate, dans mes réclamations aux différents services, j'ai passé là presque toute ma journée. En rentrant, par le beau soleil que mai nous continue, j'avise dans les espaces des ballons qui voyagent. Ce sont, paraît-il, des messagers qui vont en province semer, par un mécanisme de la nacelle, des pluies de proclamations dans tous les genres : invitation à la paix, proclamations francs-maçonniques ; — invitation à la résistance, proclamations de la Commune aux grandes villes.

6 mai, samedi. — Une proclamation de citoyennes, signée : *Un groupe de citoyennes,* et affichée dans tout Paris avant-hier, demandait à tout prix la fin des hostilités. Cette proclamation commençait ainsi : « *Les femmes de Paris, au nom de la Patrie, au nom de l'honneur, au nom même de l'humanité, demandent un armistice* » ; et finissait par ceci : « ..... *Les plus calmes comme les plus exaltées, au fond de leur cœur, réclament de Paris et de Versailles la paix! la paix!* » Aujourd'hui, un autre groupe d'autres citoyennes proteste contre cette *faiblesse,* et l'on peut lire sur tous les murs ce manifeste :

« *Manifeste du Comité central de l'Union des Femmes pour la défense de Paris et des soins aux blessés :*

« Au nom de la révolution sociale que

nous acclamons, au nom de la revendication des droits du travail, de l'égalité et de la justice, l'Union des Femmes pour la défense de Paris et des soins aux blessés proteste de toutes ses forces contre l'indigne proclamation aux citoyennes, parue et affichée avant-hier, émanant d'un groupe anonyme de réactionnaires.

« Ladite proclamation porte que les femmes de Paris en appellent à la générosité de Versailles et demandent la paix à tout prix.....

« La générosité de lâches assassins!

« Une conciliation entre la liberté et le despotisme, entre le peuple et ses bourreaux!

« Non, ce n'est pas la paix, mais bien la guerre à outrance que les travailleuses de Paris viennent réclamer!

« Aujourd'hui, *une conciliation serait une trahison!...* Ce serait renier toutes les aspirations ouvrières, acclamant la rénovation sociale absolue, l'anéantissement de tous les rapports juridiques et sociaux existant actuellement, la suppression de tous les priviléges, de toutes les exploitations, la substitution du règne du travail à celui du capital, en un mot, l'affranchissement du travailleur par lui-même!...

« Six mois de souffrances et de trahison pendant le siége, six semaines de lutte gigantesque contre les exploiteurs coalisés, les flots de sang versés pour la cause de la liberté, sont nos titres de gloire et de vengeance!

« La lutte actuelle ne peut avoir pour issue que le triomphe de la cause populaire... Paris ne reculera pas, car il porte le drapeau de l'avenir. L'heure suprême a sonné.... Place aux travailleurs, arrière à leurs bourreaux!.....

« Des actes, de l'énergie!.....

« L'arbre de la liberté croît, arrosé par le sang de ses ennemis!.....

« Toutes unies et résolues, grandies et éclairées par les souffrances que les crises sociales entraînent toujours à leur suite, profondément convaincues que la Commune, représentante des principes internationaux et révolutionnaires des peuples, porte en elle les germes de la révolution sociale, les femmes de Paris prouveront à la France et au monde qu'elles aussi sauront, au moment du danger suprême, — aux barricades, sur les remparts de Paris, si la réaction forçait les portes, — donner comme leurs frères leur sang et leur vie pour la défense et le triomphe de la Commune, c'est-à-dire du peuple !

« Alors, victorieux, à même de s'unir et de s'entendre sur leurs intérêts communs, travailleurs et travailleuses, tous solidaires, par un dernier effort, anéantiront à jamais tout vestige d'exploitation et d'exploiteurs !

« Vive la République sociale et universelle !...

« Vive le travail !...

« Vive la Commune !...

« Paris, le 6 mai 1871.

« *La Commission exécutive du Comité central,*

« LE MEL, JACQUIN, LEFÈVRE,

« LELOUP, DMITRIEFF. »

Avec cette appréciation des choses, avec ces surexcitations incendiaires, je ne sais si les pierres ne finiront pas par sauter d'elles-mêmes, mais il est indubitable que les esprits sauteront.

D'abord excitées par les hommes, les femmes à leur tour excitent les hommes : les voilà en plein dans la lutte ; ce qu'il y a de généreux et de légitime dans la revendication des droits du peuple enflamme leur pensée et décuple leur courage. Nous ne cessons de le dire, nous qui ne faisons point de politique, nous qui ne savons ce que c'est que la politique, ceci est une guerre sociale, pas autre chose.

Armées du chassepot, un revolver à la ceinture, une écharpe rouge en bandoulière, celles-ci animent et accompagnent les combattants ; dans leur zèle patriotique ou plutôt révolutionnaire, on en voit faire le rôle de sergents de ville, arrêter les citoyens tièdes ou récalcitrants. Celles-là montent en chaire dans les églises et proclament l'avènement de la raison humaine. D'autres, munies de brevets professionnels et nommées par la commission d'enseignement, s'installent dans les asiles et chassent les sœurs-grises. Ici, révolution nouvelle. Les enfants ne veulent pas de ces maîtresses laïques, ils tiennent à leurs bonnes sœurs ; et, malgré gâteaux et confitures, mettent sens dessus dessous bancs et tables, s'insurgent et quittent l'école.....

Dimanche, 7 mai. — Et le bombardement continue de plus belle; c'est dimanche; quelle vue magnifique et grandiose on doit avoir de Paris bombardé, du haut de la terrasse de Saint-Germain ! Ecoutons un des spectateurs de ce rare spectacle :

« Paris, la grande révoltée, gisait à nos pieds, entourée de fer et de feu. Du haut de toutes les positions d'où l'armée de Versailles menace son enceinte, la foudre s'abattait sur ses murailles, dans ses rues, sur ses boulevards, allumant quelque maison criminelle, écrasant quelques troupes de soldats fratricides; et, par les cent bouches de ses batteries, la cité rebelle répondait d'une voix qui va s'affaiblissant d'heure en heure, et n'aura bientôt plus d'autre puissance que celle du défi... »

Lundi, 8 mai. — Il y a un an, à pareil jour (c'était un dimanche), les Parisiens, contents d'eux-mêmes, s'étaient donné une petite fête à eux-mêmes; ils avaient voté toute la journée, et, le soir, partout où ils avaient pu en famille s'en passer la fantaisie, ils s'étaient allumé des lampions, voire même des lanternes de papier. Les gamins — qui ne perdent jamais une occasion de tapage — s'étaient livrés à une consommation effroyable de pétards ; et, par-dessus toute cette musique, on entendait, se répondant l'une l'autre, des fanfares de cors de chasse, ni plus ni moins qu'un jour de carnaval.

Aujourd'hui, descendant du Père-Lachaise, je m'arrête interdite devant la mairie du onzième arrondissement. L'immense bâtiment est entièrement enveloppé de noir. Une grande bande, ponctuée de larmes blanches et reliée de drapeaux rouges sur le fronton, parcourt le long de la façade avec ces mots :

Deuil public.
Anniversaire du 8 mai 1870.
Plébiscite impérial.

Un écusson richement orné supporte au milieu un éclatant faisceau de drapeaux noirs et rouges, traversés d'inscriptions. Des banderolles flottantes, également rouges et noires, rendent çà et là plus sinistre encore l'effet lugubre de la décoration.

Sur le boulevard de l'ex-Prince-Eugène des compagnies de marche, sac au dos, arme au pied, prêtes au départ, attendent le signal du clairon. Quel départ? Neuilly ? Montrouge ? l'ennemi (s'appeler entre soi *ennemi !* ô pauvre pays de France !), l'ennemi de Paris n'est pas loin. Je le sais par la pluie des obus.

Une femme, je devrais dire une créature, passe en calèche ; on l'entoure, on l'acclame ; cette femme est en toilette de soie, avec mantelet de dentelle. Elle a fait un acte de patriotisme, paraît-il, cette élégante citoyenne ! Oui, elle a fait cette action méritoire de dénoncer et faire arrêter un réfractaire, son amant pour le moins. La morale publique en est là. C'était un infidèle, sans doute. Une autre — une vraie femme — se serait tuée peut-être dans son chagrin. *Elle le fait tuer.* C'est hideux !

La statue de Voltaire, assise et calme, voit impassiblement passer ces choses. Le dieu ironique de ce pauvre Paris sceptique garde son immobilité de pierre. Des indigents sont autour, oubliant de mendier. Des convois défilent, c'est l'heure des cortéges. On a fini par installer à poste fixe à l'entrée du cimetière des musiques générales, ne pouvant plus suffire aux politesses particulières. C'est la fanfare de cérémonie qui doit faire accueil aux morts rouges, indépendamment des musiques spéciales qui précèdent chacun d'eux. Le canon, dont le grondement incessant se rapproche, accentue de sa basse profonde et rhythme avec solennité les sombres marches funéraires .....   .

Mardi, 9 mai. — Stupeur publique. A midi, prise du fort d'Issy. Ce pauvre fort qui ne tenait plus que par miracle, criblé par des milliers et des milliers d'obus et dont la résistance désespérée semblait un prodige, était l'orgueil des fédérés. L'abandon du fort d'Issy marque le commencement de l'inévitable défaite...

Mornes, accablés, tête basse, des débris de bataillons descendaient de Montrouge. C'étaient de petits groupes, isolés, silencieux. L'affiche suivante venait d'être placardée dans Paris :

« Midi et demi.

« Le drapeau tricolore flotte sur le fort

d'Issy, abandonné hier soir par la garnison.

« Le délégué à la guerre,
« ROSSEL. »

« Trahison ! trahison ! » s'écrie la Commune, qui n'admet pas les mauvaises nouvelles.

Un démenti officiel s'affiche présentement à la porte des mairies :

« Il est faux que le drapeau flotte sur le fort d'Issy. Les Versaillais ne l'occupent pas et ne l'occuperont pas. La Commune vient de prendre les mesures énergiques que comporte la situation.

« Hôtel-de-Ville, 9 mai, 8 h. du soir. »

Cette déclaration ne persuade personne, la confiance de l'insurrection est évanouie, les fédérés n'ont plus la foi. Quel effarement depuis une semaine ! Je ne sais quel journal rapportait ceci : « *qu'en quatre jours le fort d'Issy a eu treize gouverneurs.* »

Rossel, ce brillant capitaine fourvoyé par

mauvaise humeur parmi nos mascarades étranges, insulté par la Commune, décrété d'accusation par le Comité de Salut public, donne sa démission en ces termes dignes et péremptoires :

« Paris, le 9 mai 1871.

« Citoyens membres de la Commune,

« Chargé par vous, à titre provisoire, de la délégation de la guerre, je me sens incapable de porter plus longtemps la responsabilité d'un commandement où tout le monde délibère et où personne n'obéit.....

. . . .

«..... Hier, pendant que chacun devait être au travail ou au feu, les chefs de légions délibéraient pour substituer un nouveau système d'organisation à celui que j'avais adopté, afin de suppléer à l'imprévoyance de leur autorité, toujours mobile et mal obéie.....

« Je me retire, et j'ai l'honneur de vous demander une cellule à Mazas.

« ROSSEL. »

Dépêche de Versailles, 9 mai 1871.

« 7 h. du soir.

« L'habile direction de nos travaux, secondée par la bravoure de nos troupes, a aujourd'hui obtenu un succès éclatant.....

« Le fort de Vanves est dans un état qui ne lui permettra guère de prolonger sa résistance.

« Du reste, la conquête du fort d'Issy suffit seule pour assurer le succès du plan d'attaque actuellement entrepris..... »

Mercredi, 10 mai. — Le citoyen Ch. Delescluze est nommé délégué civil à la guerre, en remplacement du citoyen Rossel. Voici quelques lignes de sa proclamation belliqueuse :

« *A la garde nationale.*

« Citoyens,

« La Commune m'a délégué au ministère de la guerre; elle a pensé que son représentant dans l'administration militaire devait appartenir à l'élément civil. Si je ne consultais que mes forces, j'aurais décliné cette fonction périlleuse; mais j'ai compté sur votre patriotisme pour m'en rendre l'accomplissement plus facile.....

. . . .

«..... Nos remparts sont solides comme vos bras, comme vos cœurs; vous n'ignorez pas, d'ailleurs, que vous combattez *pour votre liberté et pour l'égalité sociale, cette promesse qui vous a si longtemps échappé; que si vos poitrines sont exposées aux balles et aux obus des Versaillais, le prix qui vous est assuré, c'est l'affranchissement de la France et du monde, la sécurité de votre foyer et la vie de vos femmes et de vos enfants.*

« *Vous vaincrez donc ; le monde, qui vous contemple et applaudit à vos magnanimes efforts, s'apprête à célébrer votre triomphe, qui sera le salut pour tous les peuples.*

« Vive la République universelle !

« Vive la Commune !

« Paris, le 10 mai 1871.

« *Le délégué civil à la guerre,*

« DELESCLUZE. »

Vous combattez pour votre liberté et pour l'égalité sociale, cette promesse qui vous a si longtemps échappé.....

Ainsi parle au peuple crédule le dictateur du jour, au peuple si facile à déchaîner et si facile à conduire. Car c'est un peuple facile à mener, cette pauvre multitude ignorante que de telles promesses irréalisables enflamment jusqu'au martyre. O chefs improvisés de ce troupeau docile, idoles du moment qui entraînez cette population inintelligente, impressionnable, candide, affamée et leurrée jusque sous les roues du *Fatum* sanguinaire, qui ressuscitez pour ces croyants fanatisés l'antique légende indienne de l'impitoyable Wischnou et renouvelez en son honneur les sacrifices humains des barbaries passées, quelle responsabilité que la vôtre !

Ils vous croient, ils se précipitent, et ils meurent !

Je me rappelle un de ces exemples de crédulité populaire qu'il faut avoir vu, de ses yeux vu, pour mesurer jusqu'où peut aller le fanatisme des classes pauvres. C'était en 48, après l'ébranlement de Février qui avait, lui aussi, mis à nu bien des misères. L'apôtre de la foi nouvelle ne faisait point appel aux armes. Loin de là. Il prêchait la concorde, la fraternité, l'union des âmes; et — chose rare — il pratiquait ses théories, il était doux et charitable.

Cabet rêvait le communisme, il en croyait l'application possible et il annonçait partout cette bonne nouvelle d'un règne d'amour.

« Quittons ce continent maudit où l'exploiteur pressure l'exploité, où les vieux préjugés oppriment la liberté du monde. Allons dans une terre neuve établir le règne de l'égalité. Le communisme, c'est l'Evangile; suivons enfin la loi du Christ ! Partons au pays d'Icarie ! »

J'ai lu alors ces merveilles idéales du pays
d'Icarie ; la société nouvelle était une société
de saints. Personne n'avait rien et donnait
tout aux autres, ou plutôt, dans cette incomparable terre du Bien, les choses venaient
d'elles-mêmes, et on se les partageait entre
tous. Chacun faisait hommage à tous de ses
aptitudes particulières, et vous n'imaginez pas
l'harmonieuse perfection de la future église.
Ainsi se trouvait réalisé ce vieux refrain devenu maxime :

> *Donne-moi de quoi qu' t'as,*
> *Je te donnerai de quoi qu' j'ai !*

Les femmes surtout jouaient un rôle admirable dans la colonie icarienne : nourrices,
ménagères , institutrices. C'était, dans l'ap-
port commun de ces trésors d'âmes, des
joyaux de cœur qui défient toute comparaison.
Je me souviens d'une de ces sœurs ; elle
se nommait Henriette ; c'était à faire incontinent le voyage d'Icarie pour presser avec
vénération sa main douce et charmante.

Mais où était ce fantastique pays d'Icarie ?

Dans des déserts sauvages, absolument
sauvages de l'Amérique du Nord, où nul être

civilisé n'avait pénétré encore et n'avait profané — par conséquent — la primitive nature. Les animaux, non corrompus par l'homme, étaient restés puissants, féroces, terribles. La beauté des choses le disputait dans ces solitudes au danger permanent des rencontres inévitables. La fécondité sans culture du sol exubérant était telle qu'il y fallait la hache pour se frayer un passage au travers de ces richesses aussi inextricables que magnifiques...

Maintenant la contrée a changé d'aspect. Les élégances de San-Francisco ont, bien loin à la ronde, détrôné l'élément sauvage; mais, au temps où je parle, les profondeurs de la vieille Californie étaient dignes des premiers temps du globe et offraient à l'amateur un état de barbarie sans mélange.

« Quittez tout, ou plutôt emmenez tout », disait avec attendrissement l'apôtre, le père du communisme; « emmenez vos pères, vos mères, vos femmes, vos fils. Vendez vos meubles personnels, ces témoignages de vanité et d'égoïsme; là-bas il y a des arbres; nous ferons pour la communauté des lits, des tables et des chaises. Et puis, nous simplifierons tant la vie ! nous allons briser tant d'entraves ! Adieu aux liens de l'ancien monde ! Partons au pays d'Icarie. »

Cabet avait déjà fait le voyage et avait obtenu pour la colonie de ses rêves la concession d'un terrain vierge considérable.

Il était stipulé que chaque famille ayant tout vendu : nippes, mobilier, propriété vaine et superflue, apporterait pour son passage six cents francs, et puis qu'on ne verrait plus vestige de monnaie en ce monde. La loi d'amour ferait couler là-bas des flots de miel et de bonheur. Les frères et sœurs, parvenus à la terre promise, c'étaient tous les paradis à la fois : le paradis de l'ancienne Bible ; le paradis, mille fois plus beau, de la philanthropie nouvelle.

Nulle ombre dans ce ciel d'utopie ne faisait charitablement pressentir que l'homme ne cesse pas d'être homme, parce qu'il change d'habitudes ; qu'il emporte avec soi ses misères, ses inégalités profondes, ses convoitises, ses jalousies, ses défaillances ; que l'uniformité n'est pas possible avec cette variété, cette diversité d'humeurs, de volonté, d'activité ou de négligence, d'indifférence ou de zèle, d'insensibilité ou de passion qui constitue dans son ensemble toute société humaine. Toujours, toujours ce brillant mirage : le bonheur, l'immédiate jouissance ! Jamais ce plus salutaire des enseignements : l'effort personnel, le devoir !

Non ! aucun nuage, dis-je, dans ce ciel d'utopie. Le programme était insensé. Eh bien ! les disciples de Cabet ont cru aveuglément à toutes ces féeries. On a réuni six cents francs ; ceux qui n'avaient rien pu réunir ont été emmenés tout de même. Ces émigrants du bonheur s'en allaient avec enthousiasme. Pour cette terre de l'inconnu redoutable, de jeunes femmes emmenaient des enfants à la mamelle. C'était une exaltation extraordinaire, le vertige et l'extase. La chanson des *Girondins* était retournée ; ce n'était pas : *Mourir pour la patrie* ; c'était : *Vivre pour la patrie !*

> Travailleurs, que notre industrie
> Nous emmène au-delà des mers !
> Vive la nouvelle patrie !
> Communauté de l'univers !.....

Les départs avaient lieu à la gare Saint-Lazare, à huit heures du soir, par des trains spéciaux. *Away ! away !* En avant pour le Hâvre ! en avant pour l'Atlantique ! pas de bagage : pourquoi faire ? Tous emportaient leur volonté d'amour. Les hommes avaient un certain costume de circonstance : jaquette de velours, tenue de chasseurs humanitaires ; les femmes — illuminées de certitude — semblaient presque coquettes avec leurs bonnets des dimanches, égayés de faveurs bleu de ciel.

De ces émigrants du bonheur aucun n'est revenu raconter les drames de son rêve : les morts, ceux des forêts ou ceux des grèves, n'ont pas redit leurs luttes farouches ; les solitudes sont restées muettes. Cabet, le doux et pacifique apôtre, est seul reparu en Europe où il a fini obscurément..... de chagrin, peut-être !

Vendredi, 12 mai. — Le Comité de Salut public a décrété hier la démolition de l'hôtel de M. Thiers, place Saint-Georges. Les passants de ces parages-là ont pu voir depuis quelques jours flotter à la porte le pavillon rouge. C'est une frénésie de démolition, à commencer par la colonne Vendôme que l'on prépare tout doucement, avec pioches et marteaux, à sa chute imminente; on a condamné à la même mesure le monument de Louis XVI, et les vexations deviennent sérieuses dans les couvents et les églises ; l'insurrection se sent perdue et croit imposer par un appareil de terreur.

J'ai pris aujourd'hui ma carte d'ambulance, cette vieille compagne du premier siége, et je suis entrée au Val-de-Grâce visiter un pauvre troupier, en traitement depuis décembre.

Un air de flûte singulièrement doux m'attire dans une division voisine, où des convalescents se chauffaient au soleil : le musicien était un jeune soldat — dix-huit ans — volontaire dans la guerre prussienne. Une balle lui a emporté les yeux; il a les deux yeux crevés.

« — Je m'apprends à jouer de la flûte, me dit-il, car il faut à présent que je mendie; mes parents sont chargés de famille; j'avais un bon état, et voilà que je ne puis plus rien faire ; malheureusement, je ne suis pas mort..... »

Ces choses de la vie réelle, conséquences de nos guerres prétendues nationales, se passent de commentaires...

Dix-huit soldats de la ligne ont subi ici l'amputation de bras ou de jambes ; deux de ces pauvres garçons, vivants encore par miracle, n'ont plus qu'un torse. C'est effroyable.

Samedi, 13 mai. — L'église Notre-Dame-de-Lorette était hier un club : je lis sur les murs cette pancarte d'une main féminine : « *Convoqation pour vendredit à sept heures.* » Aujourd'hui c'est une succursale de l'ex-préfecture. La petite porte de la rue Fléchier est gardée par des sentinelles installées sur les marches, mangeant et buvant. Dans toutes les affaires populaires de ce monde, on mange et l'on boit avec bonhomie, — comme de simples mortels, — n'importe où l'on se trouve ; chefs et subordonnés fraternisent : c'est l'heure où les intéressés devraient tenter une politique de conciliation.....

A tout moment sont amenés les *récalci-trants* de la Commune, pris dans les filets de la souricière organisée d'une façon impitoyable dans ces parages voisins de l'hôtel Thiers. Quiconque, en ce quartier, n'a pas, hélas! quarante ans et a cru pouvoir impunément ce tantôt sortir de sa cachette, est appréhendé comme traître à la patrie, transfuge de la sainte République et n'obtient grâce que si, incontinent, il se laisse, dans la sacristie convertie en vestiaire, revêtir de l'uniforme sacré. Il ne lui sert de rien d'être monté en fiacre, de s'être juché sur l'impériale d'un omnibus, de s'être attelé à une charrette de légumes : fiacre, omnibus, charrette sont inspectés avec la dernière rigueur, et la population masculine est traduite — pour refus d'enthousiasme — devant les doux gardes nationaux de l'église transformés en conseil militaire.

Des badauds, durant ce temps, sont plantés comme des points d'admiration devant la maison de la place Saint-Georges; ils acclament chaque moellon qui tombe et rien ne dérange leur immobilité satisfaite.

Il arrive à chaque instant que cette chasse à l'homme devient une chasse à l'oiseau. L'individu arrêté, — jeune, nécessairement, — joue lestement des jambes et le garde national chargé de l'atteindre, embarrassé de son fourniment, n'y arrive que difficilement, et même n'y arrive pas du tout. Il faut voir alors ces courses vertigineuses des poursuivants, des poursuivis, des blouses, des paletots, des tuniques ! C'est un branlebas auquel la population flottante des curieux disponibles ajoute un cortége innombrable. Les femmes — immanquablement — s'en mêlent. La plupart du temps, elles critiquent.

— Ce pauvre Hector ! c'est bien lui qui s'ensauvait tout-à-l'heure ! J' vas aller prévenir sa famille pour qu'on le réclame au dépôt. — Bonté du Ciel ! c'est Achille ! Qu'est-ce qu'il venait donc faire par ici ! Dans quel temps vivons-nous, Mame Robert, dans quel temps !

Quelquefois les gardes nationaux eux-mêmes ont regret et honte du métier qu'ils font : il y a, parmi les fédérés, de vrais enfants qui avaient commencé par s'amuser de ces mascarades et qui sentent des remords. Sans tambours ni trompettes, profitant de la fuite générale, ceux-ci s'en vont ; ils regagnent leurs hauteurs, mansardes ou galetas.

— *J'en ai assez confessé aujourd'hui ! Bonsoir la compagnie !*

Ceci était dit par un pauvre petit diable de patriote qui se dépêchait de disparaître. Sous ses sourcils menaçants et terribles il avait les plus doux yeux du monde, avec un képi crânement posé sur l'oreille.....

Le point de vue ! Oui, ce que Sainte-Beuve appelait si poétiquement et si judicieusement le *point de vue,* j'y suis arrivée. Je suis arrivée à cette heure de la vie où la perspective est complète, la pensée absolue. L'ascension est terminée, les mille accidents du paysage qui interceptaient ou interrompaient mon jugement ont disparu sans retour. Je possède virilement mon âme. Le monde ne saurait entamer mon armure.

Je ne pense pas comme le monde, je le tiens sous mon observation rigoureuse ; mais le monde ne me connaît pas. Je me suis résolue au silence, les discussions ne pouvant rien dans la différence incurable des esprits ; ce qui me sépare des autres m'en sépare à jamais.

Chacun regarde au détail, s'accroche à des personnalités exigeantes ; moi, je ne me sers du détail que pour une harmonie d'ensemble qui rend infiniment doux le verdict le plus dur. Où l'on voit les sectes, les partis, les antagonismes, les barrières, l'horreur et l'impuissance présentes, je vois la progressive, la triomphante humanité, touchante sous ses innombrables aspects d'efforts, de souffrances, d'activités égarées ou perdues, de courages individuels et sublimes. Le monde hait, raille et méprise. Je ne hais rien, car j'ai pitié de tout ; je ne raille rien, car j'ai respect de bien des circonstances ignorées qui expliquent et éclairent, sinon justifient, bien des fautes. Quant à mépriser qui que ce soit, — dans cette rude traversée où nous sombrons, — j'ai trop vécu avec les malades pour n'être pas émue d'une compassion souveraine à la vue des naufrages humains. Le mépris en ce monde achève de tuer bien des âmes..... Je ne serai pas avec les bourreaux inconscients dont l'amer dédain précipite plus avant encore dans l'abîme les faibles et les coupables. Si je ne puis sauver qu'une âme dans le tas condamné des maudits, je tendrai infatigablement ma main à ceux-là, ne me rebutant pas si nul ne la veut prendre. Les justes n'ont pas besoin de mes prières, les bien portants n'ont pas besoin de mes soins.....

Le monde ne me comprend pas et je ne comprends pas le monde. A chacun sa route. La mienne est dans le soleil, la volonté et le silence.....

Ce soir, répétition sur ma route des arrestations et des scènes de tantôt. Il est vrai qu'il me faut passer devant l'ex-préfecture, et ce voisinage explique mes rencontres. Le temps, aujourd'hui, gros d'orage, gris,

sévère, lourd, est sombre et noir à présent.
Peu de lanternes allumées ; les quais, traversés du pas des soldats, présentent un aspect
saisissant ; la Seine roule à coup sûr des cadavres sous ses longs flots de couleur d'encre.
Je suis sur le Pont-Neuf. Un cri aigu se fait
entendre au milieu d'un bruit d'arme à feu.
Un fédéré qui, avec trois camarades, entraî-
nait un *traître*, s'est embarrassé le pied
dans un trou de pierre ; il est tombé sur un
bout de trottoir et son propre fusil, éclatant tout-à-coup, l'a tué roide....,

Dimanche, 14 mai.— Un pauvre homme vient
de se suicider, tout à côté : il a un fils dans
l'armée de Versailles ; la Commune lui a pris
de force les deux autres enfants qu'il avait
essayé de cacher et qui n'ont pu s'échapper : ouvriers cordonniers ; la mère est morte.
Le malheureux a été pris de désespoir, il
s'est brûlé la cervelle.

L'*Officiel de l'insurrection* met de plus en plus
le feu aux esprits :

« Nous signalons à l'indignation publique
et à la mémoire des Parisiens le colonel com-

mandant le 39ᵉ de ligne. Lorsque les Versaillais s'emparèrent du parc de Neuilly, ce misérable fit passer par les armes dix‑huit
prisonniers fédérés, jurant qu'il en ferait autant à tous les Parisiens qui lui tomberaient
sous la main.

« Qu'il se garde de tomber sous les mains
des Parisiens !

Ministère de la guerre.

« Paris, le 14 mai 1871. »

Ils ont peur, ils perdent la tête, ils le montrent, les chefs effarés de l'émeute ! Le désarmement à domicile, l'arrestation dans la rue,
les vexations de toute heure ne suffisent plus ;
un décret de ce jour exige de tout individu
une carte d'identité qui atteste son nom, son
âge, sa profession. Ceux qui n'ont pu partir
doivent s'enfouir de plus en plus profondément dans les caves ; la chasse atroce devient
furieuse ; les dénonciations abjectes se multiplient. Quand l'aberration d'un parti est aussi
complète et qu'il se sert de moyens aussi désespérés, c'est que la crise est imminente,
c'est que la solution est prochaine.

Lundi, 15 mai. — PRÉFECTURE DE POLICE. — Encore l'ex-préfecture! J'ai donné ma parole de retrouver la montre ecclésiastique dont le signalement a été transmis par moi à tous les services, et je suis obstinée. Ici, c'est peut-être l'obstination du désespoir; car, contrairement à l'axiome scientifique : « *Rien ne se perd, et rien ne se crée* », tout se perd dans ces bureaux funambulesques, et rien ne se retrouve.

Je sais bien que je vois des choses dont aucun récit ne peut donner l'idée. Mon personnage ignoré s'impose à ces gens que j'ignore, et, tandis qu'ils me parlent, j'oublie quelquefois de leur répondre, dans l'ébahissement où me plongent leurs déguisements de carnaval.

Peut-être vais-je dire une sottise! Mais que ceux qui sont sans sottise sur la conscience me jettent la première pierre! Eh bien! à part la réalité féroce, il me semble que le peuple est pareil aux enfants qui, en l'absence des parents et des maîtres, jouent aux grandes personnes.

Le peuple, tout d'un coup, sans tuteurs et sans chefs, joue au pouvoir, au gouvernement, au commandement, à l'autorité. Il se nomme général, ministre, ambassadeur, procureur de la République, maître d'école. Nous avons un ministre des affaires étrangères, s'il vous plaît, le citoyen Paschal Grousset, qui a envoyé, ni plus ni moins qu'un Lamartine, son manifeste aux différents cabinets d'Europe et qui a reçu les hommages — tout le monde l'a su — de Son Excellence le représentant de la République de l'Equateur. Rien ne nous manque, voyez-vous.

Et l'on s'affuble d'habits magnifiques, brodés, chamarrés, avec des galons en or sur toutes les coutures. Les puritains de la Commune ont voulu faire des observations; il y a eu même des décrets et des admonestations pour refréner cette intempérance de décors; les généraux peu sages n'ont rien entendu, ils continuent à éblouir la foule. Ainsi, tantôt, le commandant de la place, un de nos chefs redoutables, celui-là, un de ceux qui, d'un froncement de sourcils et sur une simple signature illisible, peuvent envoyer un homme entre quatre fusils, quatre revolvers et quatre sabres courir de la place Vendôme à la place Dauphine, de la place Dauphine à la prison militaire (Cherche-Midi), de la prison militaire (Cherche-Midi) à Mazas ou à la Roquette, eh bien! ce fier commandant de la place, ce chef sans réplique, m'avait fixée d'admiration devant son étonnant costume. Ce chef-là était tout brodé en argent, et il y avait, en argent, dis-je, sur cet uniforme majestueux, tant de petites bêtes, ailées ou à pattes, que je me fis à moi-même un cours de Jardin des Plantes. Sa voix de commandant surpris me tira de ma zoologie :

« Vous savez, Madame, que ce que je fais là pour vous témoigne d'une excessive complaisance. Jamais, sous aucun gouvernement, *un lieutenant général (?)* ne s'est abaissé à cette besogne de bureaucrate. Je viens de faire pour vous le ménage; oui, madame, le ménage dans toutes les salles, et, je dois le dire, je n'ai rien trouvé. L'ancienne Permanence a relégué les registres je ne sais où, la nouvelle Permanence ne tient de comptes que depuis le 18 avril, et votre réclamation remonte au 11. »

— « *T'avoue donc, toi?* » disait tantôt à un co-arrêté, un des nombreux prisonniers de la Commune, que huit fédérés farouches venaient, baïonnette au vent, d'amener avec un papier à la préfecture. C'était une figure abjecte, une de ces faces répugnantes que les révolutions ont le triste privilége de remettre à flot. « *Ah! t'avoue, toi, moi, j'avoue jamais!* »

« — Moi, j'avoue », répondit l'autre, celui à qui il parlait, « oui, j'avoue, je suis un voleur! »

Je regardai cette seconde figure, audacieuse, étrange, brutale, mais lumineuse et intelligente. C'était un gaillard de vingt-cinq ans à peine, aux traits de brigand, mais énergiques, expressifs et réguliers. Ces yeux-là ne se baissaient pas.

« — Oui, reprit-il, je suis un voleur, et ça me plaît, à moi, d'être un voleur! Eh! bien! quoi! j'ai chapardé une couverture de cheval; mon seul regret est de n'avoir pas pris le cheval avec!...

« — Provisoirement, je retiens tout le monde », fit d'une voix impérative le magistrat du lieu.

« — *Naturablement* », répliqua le voleur qui, sans souci sur sa destination nouvelle, n'était pas fâché — n'importe comment — de s'asseoir, permission qui lui fut accordée.

Comme je suivais le quai, je vis Ferré qui devisait chaudement avec un collègue. Quelqu'un l'ayant nommé l'autre jour devant moi — du côté de l'Hôtel-de-Ville — je regardai avec attention ce petit homme qui doit être doué d'un bel entêtement dans la vie ordinaire. Je ne sais s'il a beaucoup d'idées et si elles tiennent ensemble ; mais il doit, lui, tenir singulièrement à ce qu'il appelle *ses principes*.

Mardi, 16 mai. — « Tu sais..... la Colonne! Eh bien! *elle est dansée !* »

C'est en ces termes que, ce soir, à six heures, un fédéré qui revenait de l'exécution de cette pauvre Colonne, l'apprenait à un autre fédéré, son ami, comme je passais devant le Louvre.

Oui, cette pauvre Colonne avait vécu! elle avait rendu le dernier soupir entre cinq heures et demie et six heures. Pauvre vieux

Béranger, si fier de nos gloires nationales, qu'est-ce que ton ombre de chansonnier populaire rencontrant ton ami Charlet, ton autre ami Horace Vernet et bien d'autres, aura pensé et aura dit en entendant jusqu'au fond des entrailles de la terre l'ébranlement de cette chute insensée?

J'ai là justement — devant les yeux — un dessin, bien rare à présent, de Charlet : un ouvrier de rude allure, maître forgeron pour le moins, recommande à un Frère de la doctrine chrétienne l'éducation de ses garçons, deux bambins résolus, de solide charpente comme leur père : l'un a huit ans, l'autre dix, tout au plus.

— « Faites-leur chanter la Colonne, à mes enfants! *C'est le Cantique des Cantiques!... ma Colonne!... mon grand Empereur...!*

Chapeau bas, Frère! »

Le bras levé, l'œil dans l'extase, c'est la foi populaire elle-même que personnifie cette mâle figure. On sent là des visions gigantesques, on entend là des chants de victoire.

Cet enthousiasme a gagné l'un des écoliers; le bras levé comme son père, comme son père il s'écrie : Vive la Colonne! L'autre tout

recueilli, tout songeur, sa petite casquette à
la main, ses cahiers d'école sous le bras,
ne veut pas perdre une de ces belles paroles; on dirait qu'il écoute une belle fable.
Son œil contemplatif s'illumine; la piété
paternelle inonde sa petite âme. Quant au
Frère, attentif, tête baissée, la main à son
chapeau de prêtre, il semble dire : *Il y a
donc un autre dieu que Dieu; Napoléon est son
Prophète.*

Oui, pauvre vieux Béranger, pauvre grande
âme de patriote, qu'auras-tu dit de ce *dé-
boulonnement* de la Colonne! Dans nos humiliations présentes il nous restait à peine
ce vestige des gloires anciennes; la Colonne
toute seule semblait dire : Nous n'avons pas
toujours été vaincus; il fut un temps où,
nous aussi, nous avions les canons des autres! Un vers du vieux chansonnier, — non
de victoire, non de gloriole, — mais d'accablement et de défaite, traverse obstiné-
ment ma pensée et semble, hélas! de circonstance :

On vit de honte, on n'en meurt plus !

Mais revenons à la Colonne.

Sur la proposition du citoyen Félix Pyat, qui lui portait une haine particulière, la Commune avait, le 12 avril, décidé en ces termes sa suppression irrévocable :

« LA COMMUNE DE PARIS,

« Considérant que la Colonne impériale de la place Vendôme est un monument de barbarie, un symbole de force brute et de fausse gloire, une affirmation du militarisme, une négation du droit international, une insulte permanente des vainqueurs aux vaincus, un attentat perpétuel à l'un des trois grands principes de la République française, la fraternité,

« DÉCRÈTE :

« *Article unique.* — La Colonne de la place Vendôme sera démolie. »

La date de l'exécution n'avait pas été déterminée le jour même, mais il était entendu que la cérémonie aurait lieu dans le délai le plus rapproché et qu'on allait activer les préparatifs nécessaires.

Dès lors des paris furent organisés. Pile ou face : tombera-t-elle? ne tombera-t-elle pas? Les plus craintifs, ceux d'humeur timide, qui tenaient au fond de leur cœur à cette grande aiguille de bronze, jugeaient irrévérencieuse cette condamnation révolutionnaire. Quoi! plus de colonne Vendôme! Et qu'est-ce donc que les provinciaux vont penser, eux qui ne viennent à Paris que pour la Colonne et pour le Jardin des Plantes?... Le peuple, le vrai peuple, celui qui veut du nouveau et qu'un vol de pigeon contente, qui s'arrête avec admiration devant la frégate-école et dont la suprême indifférence crie avec la même béatitude : Vive ceci! à bas cela! le peuple des rues, des clubs en plein vent et des barrières ne dissimulait pas son plaisir et même son impatience.

Le peuple est ainsi fait : on le tourne et on le retourne sur le même sujet de la façon la plus contradictoire. Ce qu'il aime avant tout, c'est le spectacle. Or, depuis plus de quinze jours on lui avait promis ce renversement de la Colonne; chaque matin, il venait voir où en était l'ouvrage, et elle était toujours debout!

La solennité fut annoncée sans remise pour le 8 mai; ce jour-là, — c'était un lundi, — la population entière était à son poste. Mais, hélas ! cette grande entreprise n'alla pas toute seule; on rencontra tout-à-coup des obstacles inattendus; il fallait, de la base au faîte, déboulonner tronçon par tronçon pour arriver à émouvoir la géante. Coups de marteau et coups de pioche rivalisèrent la nuit et le jour pour ébranler la condamnée. Des câbles furent hissés jusqu'à son sommet, et le pauvre Oncle Ier faisait piteuse figure au milieu de tous ces cordages ...

Aujourd'hui, définitivement, les préparatifs étant terminés, la démolition tant de fois annoncée ne tenant plus qu'à un fil, la dernière heure de la Colonne était sonnée.

La foule était immense rue de Castiglione, rue de Rivoli, sur les marches des Tuileries, rue Mogador, rue Saint-Honoré, rue Neuve-des-Petits-Champs, rue Neuve-Saint-Augustin; mais surtout elle était formidable de l'autre côté, place du Nouvel-Opéra et sur le boulevard.

Des étrangers de distinction — Anglais et Russes — favorisés d'invitations spéciales garnissaient les balcons de la place. Quant aux ennemis intimes de la Colonne : Courbet, Lefrançais, Vallès, ils ne dissimulaient pas leur triomphe.

Le grand Empereur visiblement incliné déjà du côté où il allait tomber (sur une épaisseur de fumier, ô misère !) faisait d'avance bien ridicule figure avec une grande corde passée au cou, celle qui allait aider à le précipiter à terre, et, par dérision, un drapeau tricolore dans les bras.

Des cavaliers très-parés, gardes d'honneur de la Commune, se tenaient, panache au képi, mousqueton au poing, à l'entrée de la rue de la Paix ; ils maintenaient la foule et surveillaient la circulation des voitures, ce qui n'empêcha pas de nombreuses paniques, car les voitures aussi voulaient voir.

Toutes les maisons d'alentour avaient collé aux fenêtres des croisements et entre-croisements de papier, treillage improvisé contre l'éclat présumé des vitres ; car, malgré les précautions prises, des accidents étaient à craindre.

Les assistants, il faut le dire, avaient grand'-

peur. Les sentiments qui les tenaient sur place étaient très-mélangés. Partagés entre l'admiration de voir tomber la Colonne et la crainte d'en recevoir des morceaux, ils s'interrogeaient anxieusement du regard, au milieu de conversations çà et là entrecoupées de murmures et traversées de hurrahs. Des fanfares frénétiques entretenaient l'enthousiasme *non unanime* ; des membres de la Commune *eux-mêmes* passaient pompeusement au galop, laissant derrière eux des sillages d'écharpes rouges, de plumets rouges, d'étendards rouges. Des orateurs montés sur la plate-forme prononçaient l'oraison funèbre de la Colonne expirante et descendaient de ce pavois au son de toutes les musiques fédérées conviées à la fête. — Elle tombe ... Elle va tomber ! ..... Elle ne tombera pas ..... Bah ! ça ne sera pas encore pour aujourd'hui...... c'est tous les jours la même chose ..... ça finit par être ennuyeux ! .....

La Colonne, passant à l'état de défunte, suscitait déjà des regrets. Lassés d'attendre et pour se désennuyer, quelques-uns critiquaient : « *Qu'est-ce qu'elle leur avait fait, la Colonne ? Pourquoi ne l'avoir pas laissée tran-*

quille ? N'y avait-il pas des choses plus pressées ? .....

Et voilà que l'heure avançait, voilà qu'il se faisait tard, voilà qu'il se faisait faim ; les plus intrépides songeaient à leurs rôtis de veau ; le vent de l'indifférence passait sur les patriotes ; les rangs serrés s'éclaircissaient : *la suite à demain*, disaient-ils .....

Et cependant le grand Empereur penchait, penchait visiblement ; le colosse de bronze se disloquait ; les orateurs avaient fui à distance respectueuse ; plus de fanfares, un mystérieux silence ! L'air s'agite étrangement, l'épaisse couche de fumier reçoit un choc en plusieurs coups : la Colonne se meurt, la Colonne est morte ! .....

．　．　．　．　．　．　．　．　．　．　．　．　．

Me voici chez moi ; à ma porte un grand rond de monde autour d'une musique ; je ne puis passer, je regarde. C'est une petite Catalane qui danse en s'accompagnant de son tambourin. Jamais je n'ai vu figure d'enfant plus étrange et plus belle. C'est l'impassibilité en personne ; pas un muscle de son visage ne bouge ; cet air sérieux est fatidique, on dirait l'image de la Fatalité. Grelots au cou, aux mains, aux oreilles, tout vibre sur elle; rien ne vibre dans elle. Regard immobile, rigide indifférence de camée. Sait-elle seulement qu'elle existe ? De graves fédérés sont là, armés jusqu'aux dents; ils applaudissent avec fureur : ceux-là se soucient bien de la Colonne ! On voit même, dominant le cercle, deux ou trois têtes de nos vrais maîtres, messieurs du Comité central, qui n'a jamais abdiqué, celui-là !

Mercredi, 17 mai. — Il y a querelle au camp d'Achille; la Commune est violemment agitée : la dictature du Comité de Salut public révolte les modérés qui répudient la responsabilité de ses décrets. La minorité, qui ne voulait, disait-elle, que les élections de Paris et les franchises municipales, déclare son fait à la majorité révolutionnaire et se sépare nettement d'elle. La déclaration officielle de cette rupture éclatante fait l'objet d'un manifeste affiché par la minorité qui, dans sa protestation véhémente, se retire de l'action et rentre dans les mairies. Injures publiques, arrestations entre soi, accusations scandaleuses, condamnations des cours martiales, rien ne manque. Les chefs se remplacent et se ressemblent, accompagnés des mêmes outrages.

« — Nous nous succédons avec une telle rapidité, disait l'un deux, que nous n'avons même pas le temps de nous asseoir. A peine nommés, nous sommes déjà remplacés par d'autres..... »

On lit dans le *Réveil du peuple* :

« Nous avons vu un modèle en relief d'une barricade pour les grandes voies, modèle très-facile et très-prompt à exécuter et que nous recommandons à qui de droit. Un jouet a particulièrement appelé notre attention, c'est *l'avant-garde, barricade-escarmouche.* Cette barricade mobile, légère, mûe par un ressort, est appelée à rendre de grands services..... »

Que dites-vous de cette barricade de poche !...

La même feuille contient, entre autres curiosités, un décret qui ferait la joie d'un collectionneur :

« Sur la proposition de la Commission fédérale des Artistes, considérant que la place d'architecte du Luxembourg est inutile, puisqu'il n'y a point de travaux à faire exécuter,

le citoyen Lemaire, architecte actuel, est ré-
voqué de ses fonctions. »

A propos de Fédération des Artistes, notons
qu'il y a des fêtes aussi à travers nos tueries.
La Commune se donne des spectacles et s'or-
ganise des concerts. Après la besogne du jour
et avant celle — insondable — de la nuit, nos
chefs se montrent aux populations dans les
loges — autrefois corrompues — des tyrans,
maintenant sévères loges républicaines. L'héroïsme des aïeux cornéliens hausse le cœur,
l'harmonie des sons renfle les courages ; ser-
vez-nous vos chefs-d'œuvre, vous, admirable
Comédie-Française, tout-à-l'heure ambulance,
maintenant redevenue le théâtre, roi des rois.
Et vous, scène de l'Opéra, versez-nous l'enchantement suprême, le nectar des dieux, la
musique! Aussi bien, nous régénérons le ré-
pertoire ; vous allez voir dans leur puissance
les talents inconnus, méconnus, incompris, les
vrais génies de notre époque. Nous ordon-
nons le plaisir, nous décrétons les réjouissan-
ces.

Pour le peuple, les coquetteries étaient sans
pareilles. C'est aux Tuileries qu'ont lieu les
concerts populaires. Pour cinquante centimes,

on pourra voir ; pour un franc, on pourra entendre. Vous qui n'avez pas assisté au déménagement de 48, qui n'avez jamais mis le pied dans ces antres de la tyrannie, venez voir les salons d'un monarque, venez voir les coulisses d'un trône ! Vous n'avez pas besoin de mettre — comme les Turcs — vos babouches à la porte. Tout le monde entre ici, tout le monde est chez soi, tout le monde est maître.

Et les concerts — en ce palais des rois — se ressentent de la grandeur des temps. A ce mouton d'hier, lion aujourd'hui : le peuple ! donnons l'hymne sans rivale, cantique de nos révolutions : la *Marseillaise !* La *Marseillaise*, c'est la France en armes, indignée, frémissante, invincible ; c'est la fierté, c'est la vengeance et c'est la gloire ; trompette héroïque du champ de bataille, coursier hennissant du combat !

Hélas ! aujourd'hui 17 mai, fierté contre qui ? vengeance et gloire contre qui ?

Ces choses ne sont pas venues toutes seules, ni tout d'un coup. Qui ne se souvient des surexcitations du siége, qui n'a entendu raconter l'effet frénétique, dans les clubs, dans les cafés, aux petits théâtres de la *Marseil-*

laise du peuple, spécialement composée pour lui plaire et chantée à plein gosier par une cantatrice vigoureuse dont le nom éclatait sur les murs : Mme *Bordas?* Je n'ai jamais assisté à rien de ce genre; depuis un an je porte le grand deuil de la Patrie, et il ne me viendrait pas plus à la pensée d'aller au spectacle que l'idée ne m'en serait venue le lendemain d'un enterrement de famille. Mais j'ai acheté cette *Marseillaise* régnante et j'ai compris l'impression qu'elle devait produire à travers l'effervescence publique et l'ébullition sociale qu'on sentait dans l'espace.

Malgré ma répugnance incorrigible à tracer certains mots où se cabre la plume, voici le titre de cette chanson d'alors : *La Canaille,* et, du reste, je vais — pour mon édification — la recopier tout-à-l'heure.

Et d'abord une observation, toujours la même, observation inutile : la cause du peuple est sacrée, la cause du peuple est divine; c'est, pour tout cœur loyal, la cause de la justice et de la charité; pourquoi ne pas se servir d'expressions dignes d'elle ? Pourquoi tremper cette cause blanche dans le ruisseau et dans l'égout? Pourquoi, ô serviteurs du peuple, vous abaissez-vous éternellement à la grossièreté de son vocabulaire, au lieu de l'élever à la dignité de votre pensée, à la pureté de votre langage? C'est une insulte que vous lui faites, c'est du mépris que vous lui montrez, sachez-le bien. Votre client ne s'en aperçoit pas, parce qu'hélas! il n'y regarde jamais de très-près. Pour aller chez vos pareils, votre pensée revêt de beaux habits; pour venir chez le peuple, vous l'injuriez; permettez-moi de vous le dire, votre langage prend des haillons.

Ceci dit (et que de fois ne l'ai-je pas dit?) revenons à la chanson : *La Canaille*, qui a bien son mérite, du reste, un vrai mérite de circonstance et qui caractérise, plus qu'aucune autre peut-être, le travail visible des esprits.

LA CANAILLE.

I.

Dans la vieille cité française
Existe une race de fer,
Dont l'âme comme une fournaise
A de son feu bronzé la chair.

Tous ses fils naissent sur la paille,
Pour palais ils n'ont qu'un taudis!...
    C'est la canaille !
    Eh bien! j'en suis!

II.

Ce n'est pas le pilier du bagne ;
C'est l'honnête homme dont la main
Par la plume ou le marteau gagne
En suant son morceau de pain.
C'est le père enfin qui travaille
Les jours et quelquefois les nuits.
    C'est la canaille!
    Eh bien! j'en suis!

III.

C'est l'artiste, c'est le bohême,
Qui sans souper rime, rêveur,
Un sonnet à celle qu'il aime,
Trompant l'estomac par le cœur.
C'est à crédit qu'il fait ripaille,
Qu'il loge et qu'il a des habits.
    C'est la canaille!
    Eh bien ! j'en suis !

IV.

C'est l'homme à la face terreuse,
Au corps maigre, à l'œil de hibou,
Au bras de fer, à main nerveuse,
Qui, sortant d'on ne sait pas où,

Toujours avec esprit vous raille,
Se riant de votre mépris.....
    C'est la canaille!
    Eh bien! j'en suis!

V.

C'est l'enfant que la destinée
Force à rejeter ses haillons
Quand sonne sa vingtième année,
Pour entrer dans nos bataillons.
Chair à canon de la bataille,
Toujours il succombe sans cris.....
    C'est la canaille!
    Eh bien! j'en suis!

VI.

Ils fredonnaient la *Marseillaise*,
Nos pères, les vieux vagabonds,
Attaquant en quatre-vingt-treize
Les bastilles dont les canons
Défendaient la vieille muraille.....
Que de trembleurs ont dit depuis :
    « C'est la canaille! »
    Eh bien ! j'en suis !

VII.

Les uns travaillent par la plume,
Le front dégarni de cheveux ;
Les autres martellent l'enclume,
Et se soûlent pour être heureux.

Car la misère en sa tenaille
Fait saigner leurs flancs amaigris.....
C'est la canaille !
Eh bien ! j'en suis !

VIII.

Enfin, c'est une armée immense,
Vêtue en haillons, en sabots,
Mais qu'aujourd'hui la vieille France
Les appelle sous ses drapeaux,
On les verra dans la mitraille,
Ils feront dire aux ennemis :
« C'est la canaille ! »
Eh bien ! j'en suis !

Que nous sommes loin du chef-d'œuvre du genre, l'immortelle *Chanson de la Chemise !*

Travailler, travailler, travailler !
Avant l'aube, après les étoiles !
. . . .
Travailler, travailler, travailler !
Sans jamais le répit d'une heure !
. . . .

Nous essaierons, nous aussi, des chansons, peut-être ! Nous pourrons nous inspirer de cette plainte divine du grand poëte américain Th. Hood; mais jamais, jamais, sous le prétexte de mettre en relief la saine vigueur, le robuste courage, la dure condition de nos frères pauvres, nous n'appellerons le peuple *populace* ou *canaille !*

Paris succombe; et, comme un mourant qui appelle à son secours, Paris appelle à son aide les grandes villes de France; ceci est le cri suprême. Versailles resserre autour de nous son étreinte, on sent que l'armée approche avec une sûreté irrésistible. Je note pour moi-même quelques passages de cet appel désespéré :

« Aux grandes villes.

« Après deux mois d'une bataille de toutes les heures, Paris n'est ni las ni entamé, Paris lutte toujours, sans trève, sans repos. infatigable, héroïque, invaincu, Paris a fait un pacte avec la mort! Derrière ses forts, il a ses murs, ses barricades; derrière ses barricades, ses maisons, qu'il faudra lui arracher une à une et qu'il ferait sauter plutôt que de se rendre à merci.

« Grandes villes de France, assisterez-vous, immobiles et impassibles, à ce duel à mort de l'avenir contre le passé, de la République contre la monarchie? . . . . . .

« .....Attendez-vous que Paris soit transformé en cimetière et chacune de ses maisons en tombeau? . . . .

« Assez de sympathies platoniques; vous avez des fusils et des munitions : aux armes! villes de France ! . . . . »

. . . .

Encore 17 mai, mercredi. — EXPLOSION AU CHAMP-DE-MARS. — On ne sait plus où l'on en est; cette vie fantastique est l'enfer, et chaque jour apporte son émotion nouvelle. Le bombardement versaillais a été terrible : c'est au travers de grands dangers que j'ai gravi tantôt les Champs-Elysées pour atteindre l'avenue Montaigne et que j'ai traversé à mon retour le pont de l'Alma. Les obus pleuvaient littéralement dans cette direction; la batterie enfantine installée au Trocadéro nous attire d'affreuses représailles. Deux personnes qui passaient ont été tuées à l'entrée de la rue de Chaillot; on emportait au même moment sur une civière deux fédérés au coin de la rue d'Angoulème. Il faut entendre ce que disent ces malheureux enrôlés de l'émeute : entraînés de force, fusillés s'ils résistent, perdus ici, perdus là-bas, enjeu sacrifié d'avance et condamné de toutes manières, ils maudissent les uns et les autres.....

Ce que gémit mon silence, ce que songe ma pensée dans cette suite non interrompue de réciproques massacres, au milieu de cette odieuse guerre civile, aucune plume — surtout la mienne — ne saurait l'écrire. Je n'échappe au cauchemar incessant de la vie qu'en me réfugiant dans l'asile des morts.....

J'étais donc au Père-Lachaise à la fin de mes nombreuses tâches; assise sur un rebord de tombe, j'assistais au défilé mortuaire des cortéges, lisant tour-à-tour sur bien des visages, questionnant surtout dans ma pensée ces figures de femmes fédérées, sinistres, fatales, presque toutes fort jeunes, quelques-unes très-belles, quand tout-à-coup il était six heures moins dix minutes, une sorte de tremblement de terre secoue le sol, une vibration extraordinaire se produit dans l'espace, une détonation se prologeant à l'infini remplit l'air, un effroi indescriptible cloue sur place les passants; et bientôt hommes, femmes, enfants, tous se précipitent sur la hauteur, à gauche de la chapelle, pour se rendre compte de l'événement. Un mort qu'on allait enterrer est laissé là et doit attendre.

« — C'est Montrouge qui a sauté! c'est Bicêtre! » On ne parle en ce moment que de faire sauter les forts.

.   .   .   .

Non! ce n'est pas l'explosion d'un fort; d'immenses fumées noires, bientôt traversées de flammes rouges, s'élèvent du côté des Invalides, dans la direction du Champ-de-Mars.....

Paris est dans l'épouvante, c'est la cartoucherie de l'avenue Rapp qui a éclaté. Comme de coutume, on élève à des proportions fabuleuses le nombre des victimes. Des groupes se forment au coin des rues. Des soupçons insensés, des accusations affolées prennent feu dans ce tumulte : *C'est Versailles qui a fait le coup pour anéantir nos provisions!*

La démence générale du pauvre Paris favorise ces absurdités. Malheureusement, hélas! une chose est trop vraie : il y a beaucoup de morts sous les décombres! Ce sont des mutilations affreuses; des lambeaux de membres humains — débris saignants et fumants consternent de tous côtés le regard.....

Les esprits sont fous, les cœurs sentent la poudre, l'air est embrasé, la situation entière n'est qu'un incendie ; peut-on s'étonner qu'une cartoucherie saute?

Je n'ai manqué que de peu, moi-même, cette catastrophe.

FIN DE RÉCIT D'UN JOURNAL :

« ..... Un bruit..... mais rien ! ce n'était rien !... » *C'étaient des tirailleurs qui déchargeaient leurs armes sur une patrouille de cavalerie.....*

Polichinelle a dû décidément déménager ; je ne l'ai plus retrouvé aujourd'hui, les obus pleuvaient trop dans toute l'avenue ; Polichinelle, en danger de mort aux Champs-Elysées, s'est réfugié au Palais-Royal.

Même hier, oui, hier, encore hier, sous les formidables détonations du bombardement, en face du Trocadéro armé de sa fameuse batterie, comme je redescendais et traversais le pont d'Iéna, je rencontrai..... tout équipé, en uniforme pimpant, galonné, avec fusil, sabre et cartouchière, un garde national fédéré..... à vélocipède !

Non ! la mort elle-même, la mort lancée par le chassepot et par la bombe, n'est qu'un jeu pour l'espèce humaine ; et, dans les intervalles, dans les intermèdes de ce jeu féroce, les hommes jouent à d'autres jeux, voilà tout. Exemples : le bouchon, saute-mouton, le vélocipède.

« — *Les balles sont faites pour siffler* », chantait tout auprès de moi le plus brillant des capitaines en essayant — pour s'amuser — sa carabine sur un groupe d'ennemis qu'il s'imaginait voir défiler au loin.....

« — Il est interdit aux officiers de tout

grade de paraître à leurs bataillons avec des fusils », dit un récent arrêté de Delescluze.

« *Pour le plaisir de tirer sur les Versaillais,* ces citoyens négligent d'exercer sur les hommes qu'ils commandent, l'action que leur réserve leur grade..... »

SCÈNE PHOTOGRAPHIÉE.

Trocadéro, 3 h. de l'après-midi.

Blouse grise, casquette, ceinturon rouge, un homme du peuple, ivre, soutenu au bras par une femme jeune, charmante, les yeux tristes.....

« — Laisse-moi ! je n'veux pas être mené comm'ça ! Laisse-moi, que je te dis ! Non ! je veux pas ! je m'en reviens pas ! J'veux pas que tu me mènes !

« — *Qui est-ce qui te mène, Jean ! dis-le moi, qui est-ce qui te mène ?* »

Jamais, jamais je n'ai entendu de voix

plus douce, plus indulgente et en même temps plus douloureuse!

L'homme — ce censé protecteur — malmenait la pauvre créature, la rudoyait, en répétant d'un air aussi menaçant qu'hébété :

« — Non ! j'veux pas m'en v'nir ! J'veux m'en aller où j'veux, là ! J'veux pas que tu me mènes ! »

Elle le fit monter, en le portant presque, dans l'omnibus de la station ; il y tomba comme une masse et s'endormit.

Elle — la voiture ne partant pas encore — s'assit à l'écart — par terre ; — et, de son tablier cachant sa figure, elle pleura sourdement toutes ses larmes.....

Hélas ! la malheureuse ! que de charité, de désolation, de résignation, de courage et de sacrifice dans le son étouffé de sa voix :
« *Qui est-ce qui te mène, Jean ?...* »

Vingt-cinq ans à peine, blonde comme les blés, de grands yeux à rêver tous les rêves !....

Jeudi, 18 mars. — ASCENSION. *Quatre heures du matin.* — Qu'est devenu le temps où , petite fille, dans ma chère église de Saint-Germain-l'Auxerrois où j'ai fait ma première communion, je croyais, ce jour de l'Ascension, les yeux fixés sur la grande croix qui fait face à la chaire, voir s'envoler dans les cieux le Christ crucifié et cloué ! Ce pauvre Lamartine ! comme il riait de bon cœur en entendant mes confessions, et comme il m'appelait naïve, la plus naïve personne, disait-il, qui fût au monde !

Quel ciel pur ! comme la journée sera belle ! O mon Dieu ! pourquoi, pourquoi nous abandonnez-vous !...

J'entends des cloches ; eh ! oui ! c'est un carillon de chapelle ! Dieu peut-il donc encore être adoré quelque part sans courir le risque d'être arrêté !...

C'est tout-à-fait coupable, ce que je vais dire ! mais je me ressouviens avec DÉLICES (dans ce moment!) de quelque chose. Je revois — oui ! que Dieu me pardonne ! — oui, je revois, grâce à ce carillon extraordinaire, la pittoresque ville de Bruges ; voilà que je suis la rotation de moulins à vent bien-aimés ; il me semble rentrer dans le *Béguinage* et...! sommes-nous bien en guerre civile ?

Ces misérables d'ici, ces misérables de là-bas s'observent-ils seulement pour s'ajuster avec plus de précision! Est-ce que la guerre, *la tuerie*, veux-je dire, est chose mathématique? Merci, mon Dieu, d'avoir fait de moi une ignorante! Je ne sais rien de toutes ces choses, je veux n'en jamais rien savoir! Mais le carillon continue, et, là-bas, là-bas, dans le soleil qui se lève, derrière ces nuages, magnifiques barres de pourpre et d'or, j'entends le canon implacable!

Au bruit de cette douce cloche d'église :

Heure charmante du matin,
Heure sans tache, heure bénie,
Oh! dans ce bleu silence et ce brouillard lointain
Quelle quiétude infinie!

Chantez, oiseaux, passez, rayons,
Brises, frissonnez dans les haies!
Est-il dans le pays du ciel où nous irons
Songerie et douceur plus vraies!

Horreur! dans ce lointain brouillard,
Là-bas où va ma songerie,
Horreur! le canon joue! horreur! c'est le rempart!
Ce bleu silence est la tuerie!

> Horreur ! parmi ces chants d'oiseaux,
> Parmi ces brises et ces haies,
> L'homme tombe sur l'homme et, gonflant les ruisseaux,
> Le sang coule de mille plaies !
>
>
> Heure charmante du matin,
> Heure sans tache, heure bénie,
> Ici c'est l'*Angelus* et là-bas le tocsin,
> O lumière ! et c'est l'agonie !...
>
> . . . .

Ce n'est pas de l'étonnement, c'est de la stupéfaction que nous cause le spectacle de ces folies. De plus en plus on se croit somnambule. Comment des gens raisonnables — et tous ne sont pas insensés dans la Commune — peuvent-ils prendre au sérieux leur improvisation de titres, leur affublement de « fonctions publiques ! »

Quoi ! il faut un long apprentissage pour toutes choses dans la vie, il faut même — avant d'être quelqu'un — faire l'apprentissage de cette chose si naturelle, si inhérente à l'homme : la douleur ! il faut apprendre à souffrir, à savoir souffrir ; vous ne sauriez, sans être du métier, tourner un bâton de chaise, nous servir proprement un manche de parapluie je ne parle pas d'un rouage

compliqué d'horloge, d'un mouvement in-
génieux de montre; et l'on devient d'emblée,
messeigneurs! ministres, généraux, magis-
trats, financiers, diplomates!

Ce n'est pas tout. On conçoit à la rigueur
— en se plaçant au point de vue de la co-
médie — que des acteurs jouant un rôle se
l'approprient si bien qu'ils s'imaginent un moment être les personnages qu'ils représentent;
mais la galerie, mais les spectateurs, mais
les désintéressés qui sont dans la salle et non
sur la scène, ceux-là savent bien que ces
grandeurs sont fausses, ils savent bien que
ces royautés sont fictives.....!

Eh bien! dans cette extraordinaire féerie
du Comité central, de la Commune, des Cours
martiales, du Comité de Salut public, il se
trouve des spectateurs, de simples assistants
qui prennent au pied de la lettre l'horrible
cauchemar et qui .... dans la plénitude de
leur sang-froid, avec discernement, de propos
délibéré, acceptent .... des emplois!....

La Commune a décrété la réorganisation de
l'enseignement; voici des instituteurs et des institutrices; un nouveau système d'impôts est
à l'ordre du jour, voici des économistes.

Quant aux absurdités, qui tout de suite, ont repris créance contre le clergé parmi le peuple, les termes me manquent pour qualifier ces inexprimables sottises. Exemples : les squelettes de Saint-Laurent, la sainte Aurélie des Petits-Pères.....

Un mot, en passant, sur cette pauvre sainte Aurélie qui ne s'attendait guère à jouer jamais après sa mort ce rôle grotesque. Sainte Aurélie est une belle sainte de cire, très-bien imitée, et gratifiée d'une blonde perruque éplorée (une des reliques les plus vénérées des fidèles, s'il vous plaît!) Écoutez maintenant la légende :

Horrible découverte sous les degrés du maître-autel d'un cadavre tout frais d'une belle jeune fille blonde. Dix-neuf ans au plus. Ses longs cheveux sont tout dénoués et tout soyeux encore. Chacun peut venir voir, chacun peut venir toucher sa chevelure admirable!.....

A propos, nous sortons de la fiction, nous rentrons ici dans le drame; les fédérés ont pillé aujourd'hui cette jolie église de Notre-Dame-des-Victoires.....

Nuit, 18-19 mai. — Quelle nuit, quelle nuit terrible! La canonnade me semble plus furieuse que celle — si violente, pourtant! — de la nuit dernière. On prétendait — dans les premiers temps — que ce tapage signifiait de simples démonstrations inoffensives pour faire croire à des combats imaginaires. Il n'y a pas à s'y tromper maintenant; les omnibus — de Montrouge — rapportent le matin des chargements lugubres. Ces omnibus — rouges — ont l'intérieur rempli de morts; sur l'impériale sont les vivants; ceux qui ne dorment pas chantent!.. Il y en a qui sonnent le clairon, donnant ainsi le signal aux autres.....

Enfin, voici le jour! Le quartier peu à peu se réveille; il y en a qui ont faim; boucheries, boulangeries, épiceries sont ouvertes : comment peut-on avoir faim!

Un mendiant chante sous ma fenêtre; sa voix en cheveux gris me rappelle la voix émue et chevrotante de mon pauvre grand-père. Quelle ironie! chanter pour exprimer la chose physique la plus lamentable de ce monde : la misère! Gagner en notes de plaisir et de *gauloiserie* la croûte de pain affamée de la douleur! Réveiller dans ceux qui passent le sentiment de la jeunesse, pour que ces indifférents remarquent les haillons, le tremblement et la décrépitude de la vieillesse! S'accompagner, ô moquerie sinistre! d'un violon fêlé, d'une guitare édentée pour rendre sensible la vibration de la souffrance et du besoin!

Ce vieux-là chante du Béranger, et l'ironie est complète; car, plus morte encore que sa dépouille éteinte, la mémoire du grand chansonnier est bien effacée en nos jours de honte. L'on croirait entendre un bruit d'osselets dans une kermesse de cimetière.....

Vendredi, 19 mai. — Les tâches que je remplis sont vraiment périlleuses à travers tant de courses lointaines. Mais ce qu'on doit faire, il faut le faire; allons notre chemin, tout droit, sans regarder derrière. *All is right!*

Les figures sont anxieuses aujourd'hui, chaque nouvelle affiche est l'occasion d'un rassemblement. Tout le monde lit, personne ne parle, ce silence est funèbre.

A propos de figures, j'étais ce matin dans l'omnibus de La Chapelle, me rendant à la gare du Nord et lisant je ne sais quelle feuille fédérée. L'intensité d'un regard qui pesait sur moi de l'autre bout de la voiture me força de lever les yeux. On connaît ce despotisme du regard. C'était Jourde, notre délégué communal aux finances. Je n'ai jamais eu à lui adresser la parole, n'ayant rien eu à lui demander pour les autres; mais je l'ai maintes fois rencontré dans mes courses pour les ôtages, et je l'ai attentivement regardé moi-même : voilà qu'il s'en souvient et qu'il me regarde à son tour. Physionomie claire, sérieuse, pensive, intelligente, c'est une des rares capacités de la Commune, qui pullule de tant d'êtres étranges; il doit s'être détaché de la majorité, et je m'étonnerais qu'il eût voté pour le Comité de Salut public. Pourquoi est-il là, que fait-il et qu'est-il, politique ou financier, dans cette parade parisienne? Je ne démêle rien, sa figure ne peut pas tout dire.....

Comme je retombe toujours dans mon incurable manie des *portraits!* Je pars régulièrement avec un livre, et j'aboutis invariablement à ne lire que les figures!

C'est une véritable affliction; car si je rencontre par-ci par-là des physionomies intéressantes, des études sympathiques, je fais quelquefois des découvertes épouvantables. Ainsi, sous ce règne de Commune où l'on dit qu'on a ouvert les prisons, j'ai vu, positivement vu un *forçat*. C'était place de la Bastille. Comme si j'avais tenu en mains son dossier, cet individu me révélait dans toute sa personne un passé et peut-être un présent de crimes; je suis sûre d'avoir vu là un assassin et je m'en éloignai avec effroi. Mon regard exprima mes pensées à cet homme, car je lui fis peur, et il baissa la tête...

Beaucoup de Parisiens aujourd'hui étaient à Saint-Denis, et pourtant les difficultés de circuler redoublent, les vexations *fédérées* s'aggravent; on dit, au reste, qu'on va supprimer même ces petites sorties, quoique nous les fassions à peu près comme des prisonniers sous l'œil soupçonneux de gendarmes. Il est si bon pourtant de respirer un peu! Il est vrai qu'on entend le canon de partout! Aucune trêve dans nos angoisses! L'assaut des forts chaque nuit, et chaque jour le bombardement.

Aucune lettre, nulle réponse ne me vient. Je poursuis cependant — sans rien dire — un projet réalisable peut-être pour notre malheureux archevêque. L'on m'affirmait l'autre semaine, à la préfecture, qu'il ne courait pas de danger; mais des jours, c'est-à-dire des siècles se sont écoulés depuis cette parole, et l'on respire partout l'odeur du sang. N'importe! si je n'obtiens pas (quand il se pourra) autre chose, j'obtiendrai toujours, à mes risques et périls, des permissions de visites.

Un double, ou plutôt un *triple* spectacle frappe mes yeux quand je rentre dans Paris : de jeunes réfractaires, obstinés contre la Commune, passent enchaînés : ils ont les menottes! On va les fusiller, dit en ricanant un patriote. Quel patriote! Des officiers prussiens, parfaitement reconnaissables à leur tournure et parlant, du reste, leur langue allemande, circulent avec non moins d'arrogance que de liberté sur le trottoir. Enfin, un orchestre très-animé joue en marchant des fanfares ambulantes; c'est, encore une fois, une de ces quêtes républicaines, qui complètent bien la figure bariolée de Paris, en ce temps de choses si contradictoires. J'entends d'ici ce que n'aurait pas manqué de répéter le moqueur Sainte-Beuve : « *Comme tout cela se tourne le dos !* » aurait-il dit !

Regardez un peu : l'église Sainte-Elisabeth (en haut de la rue du Temple) a des accommodements, je ne dirai pas avec le ciel, mais avec la terre. A gauche, c'est la chapelle de la Vierge, c'est le mois de Marie, qui a pieusement continué ses offices. A droite, c'est.... le club des femmes! Quand l'un a fini, l'autre commence. Le jour est laissé à Dieu, l'homme vient s'emparer du soir.

Allons au cimetière! C'est ainsi, presque toujours, que finissent mes journées. Là, je puis souffrir seule, en compagnie de ceux qui ne souffrent plus. Montmartre est un peu ma maison de famille; presque tous les miens sont là...

Mais les obus sifflent dur; les enterrements sont suspendus à Montmartre, le danger devenait trop grand. A travers les frémissements d'arbres, sur le marbre écorné des tombes, au fond des trous béants de fosses ouvertes, ce bruit d'obus et de mitraille est ce que j'ai entendu de plus surnaturel au monde.....

Minuit, 19-20 mai. — La passion supprime non-seulement la lumière du cœur, mais encore la lumière des yeux. Plus de compassion, plus de charité, plus d'humanité, cela va sans dire. Des femmes — avec de doux accents dans la voix —ne cessent de vous répéter, à propos des malheureux insurgés, exaltés par leurs chefs (les coupables, ceux-là ! pauvre bétail de gens qui vont ou qui reviennent, exténués, noirs, à demi-morts : *« On ne les tue pas assez ! je voudrais qu'il n'en revînt pas un ! »*

— Mais, madame, de même que toutes les larmes de mon cœur et toutes les angoisses de ma pensée sont aux chers soldats de Versailles, nos parents dans cette guerre fratricide, de même je plains avec une douleur vive ces jeunes garçons d'ici (des enfants, presque tous ! qui, pareils à ceux de là-bas, ont des pères, des mères, des sœurs tremblantes, une famille inquiète et désolée.....

« Qu'on écrase aussi leur famille ! Et d'ailleurs, voyez ces figures ! Quel air de bandits ! Sont-ils faits ! »

— Pardon, chère madame, mais tous ces gens-là, question politique ou sociale à part, sont de pauvres gens sans éducation pour se défendre et nous comprendre, sans ressources pour se sauver, qui n'auraient pas pu s'en aller comme les riches et qui viennent de passer huit jours, dix ou quinze peut-être, dans les tranchées ou sous les forts. Où auraient-ils pu se débarbouiller, se brosser, se cirer, se changer? La plupart n'ont même pas, depuis bien longtemps, pu ôter leurs chaussures. Placez dans les mêmes conditions de misère les hommes du monde les plus élégants; privez-les, ne fût-ce qu'une semaine, de leur nécessaire de toilette, de leur beau linge, de leurs souliers frais , de leurs beaux habits. Au lieu de leur plume, —ivoire et or, —de leur badine armoriée et damasquinée, faites-les manipuler des fusils, de la poudre et des cartouches; qu'ils ne sachent plus ce que c'est qu'un lit et qu'ils n'aient pour s'étendre qu'un dessous de porte, une couche de fumier ou un creux de ruisseau, et, la main sur la conscience, vous m'en direz des nouvelles....

Il a été possible, Seigneur ! à notre époque civilisée, de voir tant de barbarie chez les hommes, tant d'inhumanité chez les femmes !

Que de sauvagerie sur ce tout petit coin du monde!)

Ceci me rappelle une autre impression d'une autre époque, dont le souvenir sera toujours aussi aigu que douloureux dans ma mémoire. C'était en 1848. J'étais bien jeune alors, bien enfant encore, mais déjà toute abandonnée à mes pensées songeuses et solitaires. La terrible émeute de Juin venait d'avoir lieu; il y avait eu des représailles féroces. J'ai assisté — de notre quartier populeux — à bien des horreurs. L'insurrection était vaincue, les rebelles écrasés; ceux qui n'étaient point morts allaient être jugés : c'était justice.

Mais où la loi commence, le silence doit se faire; si ce n'est par pitié pour les coupables, c'est au moins par respect pour les juges.

D'un coup de filet — dans le premier emportement des colères vengeresses — on avait arrêté une masse énorme d'insurgés, et on les avait entassés, accumulés, empilés aux Tuileries, sous la terrasse du bord de l'eau. Dans l'encombrement de la première heure, l'autorité ne pouvait procéder autrement ; c'était légitime autant qu'inévitable. Mais quelle condition pour des créatures vivantes !

Il n'y avait, pour tant de respirations humaines, que de toutes petites ouvertures rondes (étroits œils-de-bœuf) dont je vois encore les gros fils de fer. Il s'échappait de là des miasmes épouvantables ; des plaintes lugubres sortaient de ces soupiraux..... Il était impossible, je le répète, que l'autorité eût agi autrement. Les crimes sont des crimes et doivent tout de suite être expiés en crimes ; mais, je le répète aussi, fallait-il au moins n'en pas rire !

Eh bien ! des jeunes filles, des jeunes femmes, en rose, en bleu, en vert tendre, en lilas, souriantes, alertes, contentes, se poussaient et se bousculaient pour coller à tour de rôle sur ces trous noirs leurs jolis visages et apercevoir les hâves spectres des prisonniers.

« — Qu'on tue tous ces *oiseaux*, disaient-elles ! Que ne tue-t-on en masse tous ces *oiseaux !* »

Voilà ce que, moi, femme, étrangère à la politique, mais rattachée de toutes mes fibres

à tout ce qui gémit et souffre, j'ai eu l'inexprimable confusion pour mon sexe de voir
et d'entendre un jour.....

Je revenais, hier, triste et absorbée sous
l'impression de ces souvenirs et du rappro-
chement dans ma pensée de ces deux époques.
J'étais dans mon omnibus vert, ce quotidien
équipage du Panthéon. Les obus sifflaient
au-dessus des Champs-Elysées, des fumées
s'élevaient encore des effroyables décombres
du Champ-de-Mars. Une jeune voix masculine parlait à ma gauche, je me tournai de ce
côté. C'était un jeune artilleur, de dix-huit ans
au plus. Il revenait d'Auteuil, sa tête dodeli-
nait sur son épaule.

— Je voudrais m'endormir pour trois mois,
disait-il; je voudrais ne me réveiller qu'au
bout de trois mois, quand tout serait fini :
tout cela est si triste !

Le pauvre garçon tenait à la main un polichinelle qu'il venait d'acheter pour un petit
frère; une feuille de soldats à un sou dépas-
sait de sa poche.....

« *Qu'on les tue tous ! Qu'on les tue vite ! qu'il
n'en reste pas un !* » Ces paroles d'une femme

à une autre femme me sonnaient dans la tête ; ces paroles ne me quittaient pas !

Hélas ! ma prière (stupide, paraît-il !) eût été, pour moi, éternellement celle-ci : Paris, ne tuez pas Versailles ! Versailles, ne tuez pas Paris !

Le samedi, 20 mai. — LA COMMUNE. — LE COMITÉ DE SALUT PUBLIC. — DELESCLUZE. — J'étais malade ce matin, il me semblait que tous les maux de l'humanité s'étaient conjurés contre moi ; je sentais que je ne pourrais pas marcher, et c'était tristement débuter pour une journée de samedi, toujours surchargée.

Mais je n'ai pas le temps d'y penser. Mon voisin M. l'abbé me fait passer un mot très-pressé, me demandant instamment si je puis recevoir tout de suite une sœur de charité qui, dit-il, a besoin de moi. A peine ai-je pu tracer un mot que tous deux se précipitent dans ma chambre. La sœur de charité, charmante et douce personne (vêtue en dame, la cornette étant trop dangereuse par ce temps de persécution), m'expose ce qui suit :

— M. le curé de Saint-Séverin — l'abbé Mauléon — arrêté comme ôtage depuis les premiers jours d'avril, a trouvé le moyen de faire savoir à sa famille que, par suite du décret d'hier (Comité de Salut public), concernant l'exécution immédiate des ôtages, il était tout personnellement condamné à mort et se trouvait l'un des premiers désignés.

— Je vous en supplie, me dit M. l'abbé, vous qui avez déjà obtenu tant de choses, voyez, allez, agissez!

La bonne sœur ajoute : « Des dames de la paroisse, voulant essayer ce qui a été fait et ce qui a réussi autrefois pour M. le curé de Saint-Eustache, avaient organisé ce matin une démonstration avec pétitions et drapeaux pour attendrir l'Hôtel-de-Ville et réclamer M. Mauléon. Cette pieuse démarche a eu lieu ; ce n'étaient point des femmes du peuple, mais des dames bien posées dans le quartier, de notoriété dans le voisinage. Je m'étais jointe à elles. Hélas! le résultat de notre manifestation — toute de cœur — a été, d'abord, qu'on ne nous a point reçues, ensuite, que des arrestations ont été faites.

..... Echec compiet. Comment faire ? N'est-il pas déjà trop tard ? Mais vous, madame, vous qu'on a écoutée déjà, je vous en supplie, refaites ce que vous avez fait ..... »

La situation est bien changée, pensais-je ;
la générosité, ou tout simplement la pure justice et une certaine courtoisie étaient encore
possibles le mois dernier. Sans cela, n'eussé-
je pas brusqué les choses pour Monseigneur
l'archevêque ? Les événements n'étaient point
encore au pire ; nos maîtres ne se sentaient
point aussi perdus qu'il le sont, ils n'avaient
point encore aussi peur ni des uns ni des autres, ils pouvaient à l'occasion se prêter des
grâces.

J'ai pu étonner quelques-uns de ces messieurs et, par là même, les désarmer et obtenir d'eux ce qu'ils n'avaient point l'intention première de m'accorder. Aujourd'hui,
c'est bien différent : les situations se sont affolées, les esprits sont envenimés ; les individus sont frappés de vertige ; des maladresses,
des impatiences peut-être, du côté de Versailles, ont été commises (affaire manquée des
brassards tricolores) : imprudences dangereuses en ce temps d'exaspérations réciproques ;
la haine ici, déjà violente, la haine aveugle est
devenue de la fureur ..... Essayons, pourtant !
La bonne sœur a raison : il faut agir !

Et, tout de suite, j'ose entrevoir que M. ***,

ancien ami de Delescluze, parfait honnête homme, patriote éprouvé, cœur admirable, ne me refusera pas, quoique fâché maintenant avec cet ex-ami farouche, de me donner un mot de présentation pour ce tout-puissant dictateur, le citoyen délégué à la guerre.

Je lui écris une supplique en ce sens et je charge la bonne sœur de la lui porter.

— Vous ne dites pas qui je suis, je vous en prie, me fait-elle observer.

— Soyez tranquille, je ne donne jamais que mon nom, répliquai-je. En toute circonstance, je n'aventure jamais que moi, je n'expose absolument que ma personne.

Je pars; ma fatigue, je le répète, était extrême; des douleurs rhumatismales aiguës faisaient de chacun de mes pas un supplice. J'arrive à l'Hôtel-de-Ville où je voulais essayer de persuader quelqu'un. Personne. Un va-et-vient extraordinaire de fédérés, voilà tout; au milieu d'eux, un grand chien noir, superbe. Je vais, ou plutôt je crois aller à la mairie du quatrième arrondissement, directement située derrière la préfecture de la Seine. Je dis : je crois aller, car, dans ma précipitation et mon trouble, j'entre tout droit et sans douter de rien, à la caserne Napoléon. La sentinelle ne s'étonne pas de me voir passer, on ne s'étonne plus de rien à présent ; mais, très-doucement et même aimablement, ce factionnaire me dit : « — Seulement, il faut que je vous fasse accompagner ; c'est ma consigne. »

— C'est très-juste, très-naturel, fais-je comme en songe ; il faut toujours exécuter sa consigne ; et, d'ailleurs, une escorte ne me déplaît pas ; que mon escorte me suive !

Et c'étaient des uniformes invraisemblables, des plumets, des cocardes, des franges, des écharpes, des chevaux, des caissons, des boulets, des canons, des soldats faisant l'exercice, des officiers commandant le feu, des estafettes empanachées, sortant, entrant, sortant encore, des entre-croisements d'armes de toutes sortes, tout cela comme en rêve. Je croyais sincèrement être à la mairie de l'Hôtel-de-Ville, et j'étais absorbée par mes réflexions au point de tout laisser faire et tout laisser dire autour de moi sans essayer de comprendre.

Je ne fus tirée de mon erreur qu'en présence d'une série d'escaliers et au milieu d'une cour immense. Je ris de ma méprise bizarre, je ris de la surprise des autres; mais toujours comme en rêve : Que mon escorte me reconduise ! fis-je très-doucement aux fédérés qui suivaient pacifiquement chacun de mes pas inutiles.

Je sors du fantastique, et j'arrive enfin — *pour de bon* — à la mairie du quatrième. Je comptais y trouver le citoyen délégué ***, membre de la Commune, qui, lors de mes premières démarches : 11-25 avril, m'avait très-obligeamment appuyée. Personne ici non plus, la mairie est déserte. La Commune est à l'agonie; une sorte de sauve-qui-peut général commence pour les uns et les autres. Je ne me tiens pas pour battue, les minutes valent des siècles, je cherche, je veux l'adresse du citoyen ***. Puisque je la veux, on me la donne.

C'est très-loin; il faut que Dieu m'assiste, car vraiment la force me manque. Il fait un temps superbe, gai soleil de mai : quel contraste ! Je ne puis m'empêcher de voir cette ironie, de sentir ce sarcasme.

Je n'obtiens mon audience si laborieusement poursuivie qu'en déclinant mon nom vis-à-vis des dames de la maison : femme et mère, qui n'admettaient pas volontiers de visites auprès de leur époux et fils, citoyen membre de la Commune.

Enfin, je vois celui-ci.

« — Vous jugez, m'écriai-je, qu'il faut une circonstance bien grave, plus que grave, mortelle, n'est-ce pas? vous le sentez, pour que je vienne, comme je le fais, jusqu'ici, moi-même, vous forcer jusque dans votre retraite, pour que je me présente ainsi jusque chez vous! Vous me connaissez, vous savez ma sauvagerie invétérée, vous connaissez ma répugnance et ma résistance à me montrer.

Je lui expose ma requête.

— Le décret a-t-il été exécuté? Est-il trop tard? Je vous en conjure, répondez-moi. Est-il trop tard?

— Je n'en sais rien, fait le citoyen ***. Vous savez que je me suis retiré de toutes ces violences, que je m'y suis absolument et énergiquement opposé. Vous avez vu que j'ai donné ma démission, ainsi que certains collègues, que je me suis séparé des membres de la majorité, et que je ne fais plus partie que de la minorité — non agissante — de la Commune.

— Je le sais, je le sais, lui dis-je; vous voyez bien que je le sais, puisque je viens à vous. Et je vous fais compliment de votre résolution, je vous en félicite, vous ne pouviez et ne deviez agir autrement. Vous avez bien fait....

— Oui, mais je suis suspect; ce que j'ai pu faire autrefois, il me serait absolument impossible de le tenter aujourd'hui. Je vous en prie à mon tour, ne me nommez à personne; ne dites à personne que vous m'avez vu; je comprends votre démarche, je l'approuve, je voudrais des deux mains l'appuyer; mais je ne suis rien, je ne puis rien. Je suis amèrement incapable de vous aider. Vos sentiments d'humanité sont justes; vous avez toute raison de faire ce que vous faites, mais, je le répète, vous ne pourriez sans m'exposer aux pires vengeances de la part de mes confrères, leur laisser voir que je vous comprends, que je vous encourage, que je souhaite à votre démarche succès et réussite.

— Monsieur, m'écriai-je, ce que je fais, je le fais de ma part, sous ma seule responsabilité, de ma propre initiative, acceptant, revendiquant même tous les périls qui peuvent s'ensuivre. Je ne partage avec personne aucun danger, je les veux tous. Je vous réitère simplement cette question : Est-il trop tard ? »

Un convoi militaire passait sous les fenêtres, un de ces dramatiques cortéges très-imposant d'aspect, très-émouvant sous sa décoration sinistre, dont nous avons vu tant de représentations quotidiennes. Le peuple s'entend à ces mises en scène populaires, à ces arrangements saisissants et grandioses. Enfant jusque sur l'échafaud, il lui faut ces couleurs éclatantes et parlantes. Ces corbillards aux trophées rouges, recouverts d'immortelles écarlates, posées sur des capotes trouées de balles, tachées de sang, précédés de fanfares funèbres toujours très-expressives, scandées par les pas réguliers de bataillons nombreux, rhythmées et accentuées çà et là par le roulement sinistre du canon qui bombardait toujours de côté ou d'autre à l'horizon, ces chars révolutionnaires, dis-je, étaient d'un grand effet sur l'imagination des pauvres et exaltaient jusqu'au délire ces fanatiques compagnons du cimetière.

Ce matin, plus que jamais, mon rêve suivait cette musique tragique. En face d'un de ces maîtres du jour qui avaient fanatisé

Paris et organisé la folie révolutionnaire : Encore une victime, disais-je, ô pauvre mort ! de ces entraînements effroyables. Chez nous l'idée mobile devient vite fait rapide. Classe contre classe, les malheureux et les ignorants s'évertuent; sacrifiés à des théories fallacieuses, ils meurent sans rien comprendre et deviennent fatalement des martyrs pour ceux-ci, des assassins pour ceux-là.....

Cependant le citoyen *** m'avait répondu : « — Nous, membres de la minorité, nous sommes sans pouvoir; personne de nous, en ce moment, ne possède la moindre influence. Je ne crois pas — sans pouvoir l'affirmer, néanmoins, — que le décret en question, ce décret contre les ôtages, ait reçu le moindre commencement d'exécution. Cette loi des ôtages n'était — vous avez pu en juger vous-même — qu'une intimidation inoffensive pour sauvegarder nos gardes nationaux prisonniers. La garde nationale de Paris a été admirable, et la violence de Versailles est sans pitié contre elle. Pas de prisonniers ! répétaient à qui voulait l'entendre nos ennemis furieux. Dans les premiers jours de nos luttes, nous avons ainsi perdu beaucoup de monde. Que de malheureux fusillés sur place! Les fossés des remparts en savent quelque chose. Tous nos malheureux fédérés y auraient passé. La loi des ôtages y a remédié. Pour en revenir à ce qui vous amène, c'est le *Comité de Salut public*, lui tout seul qui, à l'heure qu'il est, sait quelque chose et peut quelque chose. Le Comité de Salut public est le pouvoir suprême. C'est là qu'il faut porter vos démarches, c'est là qu'il faut vous adresser. Les membres, soi-disant féroces qui le composent, sont, au fond, de bons garçons, fort poltrons au reste, et qui ne font les fanfarons que parce qu'ils ont peur. Répétez-leur, sans me nommer, ce que vous venez de me dire; je ne doute pas qu'ils n'y accordent une attention sérieuse. »

Le fait est que je venais de décharger ma conscience. Je n'ai peur ni des gens ni des choses en ce monde; et quand une occasion se présente pour moi de dire une vérité quelconque, je ne manque jamais d'en profiter; je saisis avec passion cette circonstance propice .....

Trois choses étaient à considérer, même en se plaçant à l'étrange point de vue du gouvernement extraordinaire de la Commune.

Les Prussiens sont là, guettant le moment d'intervenir avec leur férule, c'est-à-dire de tout écraser. J'en ai parfaitement reconnu, se promenant comme des inspecteurs, sous habits bourgeois, à travers nos rues et nos places, au milieu de nos barricades : honte, mépris et le reste, à nos portes, sous nos murs, *dans nos murs*. Ensuite, quel droit aurez-vous de reprocher des violences aux autres, si, toujours à votre point de vue, vous ne valez pas mieux que vos adversaires, si vous commettez précisément les cruautés dont vous les accusez ? Celui-là seul a le droit pour lui, qui a la raison et qui a la douceur. Avez-vous la raison ? avez-vous la douceur ? Je ne fais pas ici de la politique, je n'entends rien à aucune politique, je traite d'une vérité humaine, très-familière. Un pouvoir ne s'affirme que par l'équité, c'est-à-dire la modération, la sagesse et le calme. Vous voulez vivre, dit votre parti, et vous faites se suicider à jamais l'opinion que vous représentez en la déshonorant de crimes injustifiables, irréparables. Ayez raison, vous, si les autres ont tort. La colère n'explique rien, n'atténue rien, n'absout rien. Enfin, vous vous déclarez libres-penseurs, et vous débutez par une intolérance inqualifiable : despotisme d'un nouveau genre, permettez-moi de le dire. En haine de l'Eglise qui ordonne de croire, vous ordonnez à la conscience de ne pas croire. Eh bien ! je vous le déclare, et il n'est pas besoin d'une profonde clairvoyance pour parler ainsi, en persécutant les prêtres, vous les rétablissez dans leurs priviléges ; vous faites, messieurs, les affaires de l'Eglise ; vous ressuscitez la foi endormie, vous rendez à la religion un service que ses meilleurs amis ne savaient pas lui rendre ; grâce à vous, la voici en lumière ; les plus tièdes vont revenir à elle, les plus indifférents vont la défendre. La première tête d'ôtage que vous ferez tomber sera votre condamnation suprème ; vous donnez à la religion la couronne du martyre ; de votre fait, la voilà triomphante .....

La Commune ne sait rien, la Commune ne peut rien, le Comité de Salut public est le maître, allons au Comité de Salut public, en permanence à l'Hôtel-de-Ville. J'ai reçu autrefois chez moi, à l'état de garçon bien élevé, de talent et d'avenir, le secrétaire-général actuel dudit Comité sanguinaire, le citoyen "*", jadis un poëte! Je lui ferai passer ma carte, il se rappellera mon nom et je parlerai.

Voici que je retourne à l'Hôtel-de-Ville. Quel changement de décor pour qui se souvient des élégances et des cérémonies passées! Quel désarroi dans le palais! C'est un flot de monde partout dans les cours, dans les escaliers, dans les corridors; on dirait le passage de la mer Rouge. Certainement une panique a couru par ici. Un déménagement à fond a eu lieu dans les appartements, à travers les galeries. Plus rien que des hommes. Ceci n'est plus un palais, c'est une caserne. La belle salle du Trône n'est qu'un immense campement. Je me demande, en jetant les yeux sur la place formidablement armée et gardée, s'il n'y a pas encore plus d'hommes dedans que dehors. Paille, couvertures, sacs, fusils, hommes couchés, hommes debout, hommes courant, c'est un singulier gouvernement de la fatigue, de la peur et de la déroute que je vois ainsi fourmiller sous mes yeux. Encore un chien, exténué aussi, celui-là. Ses longues pattes étendues me gênent au passage ; je ne lui dis rien cependant, il a de si bons yeux ! et j'arrive avec un gros battement de cœur au bureau des huissiers. Car il y a des huissiers, malgré tout, comme sous les autres gouvernements : à gauche pour le préfet, l'ex-préfet, veux-je dire, aujourd'hui commandant du vaisseau de l'Etat, à droite pour le secrétaire-général. Les forces vives sont de ce côté-là. C'est dans le cabinet des anciens secrétaires-généraux que siége le citoyen ***, autrefois poëte, maintenant contre-signataire officieux et officiel des hautes-œuvres du Comité de Salut public, un personnage redoutable, vous voyez.

-- Eh! qu'est-ce que cela me fait à moi, — le curé tel ou tel de qui vous venez me parler, — est-ce que cela m'intéresse? Est-ce que je connais ces gens-là ? répond à ma requête ce personnage redoutable. Pour quelle raison au monde voulez-vous m'attendrir? Je trouve même étonnant que vous osiez demander quelque chose à la pure République, vous, une *protégée* de *Badinguet!*.....

— Je ne sais pas, monsieur, ce que vous voulez dire.

— L'*Indépendance belge* a rapporté ce fait, et vous ne l'avez pas démenti.

— Pardon, monsieur, mais lorsqu'on ne sait même pas ce qui se passe à Pantin, comment voulez-vous, les communications étant fermées, que l'on sache ce qui se passe à Bruxelles? Et d'ailleurs, que m'importe! s'il plaît à tel ou tel journal d'imprimer sur moi une invention quelconque, croyez-vous que je m'en occupe, et pensez-vous que cela me trouble? Les injustices, les sottises, les injures? qu'est-ce que vous voulez que cela me fasse? L'important dans la vie, l'essentiel — absolument — est de ne pas les mériter. Le reste ne me regarde pas. Et, puisque vous rappelez mes souvenirs, oui, en effet, si c'est de cela que les journaux ont voulu parler à propos des papiers des Tuileries, j'ai reçu de l'Empereur une lettre, très-obligeante, au sujet de mon premier livre, paru sans nom, presque sans titre, jeté à la mer sans pilote. Est-ce que l'Empereur n'avait pas le droit de m'écrire? Vous m'avez bien écrit, vous et les autres? Les journaux et les livres ne sont-ils pas du domaine public? montant et descendant la grande échelle sociale, du palais à la chaumière et du salon à l'atelier? Moi! une *protégée* de quelqu'un ou de quelque chose! Mais regardez-moi donc! Je viens ici avec mon sac de *professeuse*, entre une leçon que j'ai donnée ce matin et une autre que je donnerai tantôt, ce dont je ne me plains pas, je vous jure. J'appartiens à la rude corporation du travail, et j'espère bien travailler toute ma vie.

— Madame, une personne qui se respecte ne se laisse pas écrire par ces gens-là. Vous voyez bien que Badinguet vous a écrit, et vous venez maintenant — pour je ne sais qui — implorer notre clémence. Cela fait pitié!

— Laissons mes affaires personnelles : je n'ai ni à les expliquer, ni à les justifier, je rougirais de me défendre. Mais vous qui me parlez, est-ce que je ne rêve pas, est-ce bien vous, êtes-vous bien le même *** qui veniez chez moi et qui, car la passion ne m'égare pas, moi, je dis maintenant ce que je disais autrefois, — qui, dis-je, étiez l'auteur de si beaux vers!...

— Ah! oui! ces vers que vous ne m'avez jamais rendus!

Cette infamie mettait le comble à tout le reste. Je ne pus m'empêcher de penser que si le citoyen secrétaire-général eût été seul, son impertinence vis-à-vis d'une femme eût été moindre. Mais les amis étaient là, ceux du Comité de Salut public et bien d'autres. C'était faire œuvre civique, patriotique, méritoire, c'était montrer du zèle, c'était admirable que d'insulter ainsi une femme. Ils étaient là, tous, tous, et, l'émulation les gagnant, je ne sais plus ce qu'ils me dirent, à tour de rôle ou tous ensemble.

— Mais laissez donc, parvins-je à répondre, ma personne cent fois hors de cause. Les opinions sont libres, gardez les vôtres. Il me faut un renseignement, sinon une promesse. Je viens ici pour une question d'humanité.

— De l'humanité! pour les prêtres! des vipères! Et les caveaux de Saint-Laurent! Les folles de Picpus! Les squelettes des Petits-Pères!

— Je ne comprends pas!

Il paraît que je dis ce : *Je ne comprends pas !*

d'une façon tout-à-fait extraordinaire, car il se fit un apaisement dans les injures. Mais cet intervalle ne fut que le silence d'une minute, le temps pour eux de respirer.

— Que si ! vous comprenez ! car vous êtes une personne intelligente , seulement vous faites de votre intelligence l'emploi le plus déplorable ; oui , vous faites de votre talent, — car nous vous reconnaissons aussi du talent, nous autres, — l'usage le plus détestable , le plus méprisable et le plus ridicule (1).......

— Et le plus dangereux ! dit quelqu'un de qui je ne voyais pas la figure.

— Les femmes sont plus dangereuses que les hommes, s'écria un grand individu sec et pâle, en me montrant le poing, pour accentuer ses paroles. (Je venais d'oser redire : *J'accomplis une mission de femme, je ne suis qu'une femme.*)

— Oui, reprit le même individu mena-

(1) Pourquoi la pensée suivante, si familière à Béranger, me revint-elle à l'idée devant cette insulte nouvelle : « *Le plus bel emploi qu'on puisse faire de son intelligence, c'est d'en faire de la vertu ?* »

çant et colère, les femmes sont plus dangereuses que les hommes. Elles font faire à certains citoyens membres de la Commune absolument le contraire de ce qu'ils voulaient faire. (Allusion à ma première libération d'ôtage.) Quant à moi, à côté de la cellule des prêtres, je mettrais les femmes qui viennent parler pour eux. La vôtre est toute prête, citoyenne ; vous entendez ce que parler veut dire, vous comprenez, n'est-ce pas ? »

Je comprenais si bien, qu'ayant déjà donné ma carte, avec mon nom et mon adresse, au citoyen secrétaire-général, retourné du reste à ses papiers durant ces apostrophes d'amis, je laissai même indication au grand individu sec et pâle, afin que, venant m'arrêter, on ne se trompât ni de nom, ni de rue, ni de porte.

C'est ainsi que j'ai peur. Et pourtant des visions de fédérés en armes m'étaient bien permises !

J'ai l'honneur d'avoir inspiré cette dernière proclamation du Comité de Salut public :

« ..... Vos enfants, que vous aviez rêvés libres, resteront esclaves ; les prêtres vont reprendre leur jeunesse ; vos filles, que vous aviez vues belles et chastes, vont rouler flétries dans les bras de ces bandits.

« Aux armes ! aux armes !

« Pas de pitié. — *Fusillez ceux qui pourraient leur tendre la main !...* »

Cependant mon voisin, M. l'aumônier, attendait avec anxiété mon retour.

— Je suis prise, monsieur l'abbé, je vais sûrement être arrêtée. A la volonté de Dieu ! Je me suis jetée dans le trou, je m'en tirerai. Et même, tant mieux, je suis contente ! Songez donc ! être en prison, ce sera enfin du repos ! Je marche toujours, je n'en puis plus ! En attendant, je ne suis arrivée à rien, je vais trouver le chef suprême, je vais aller chez Delescluze.....

— Y pensez-vous ! après ce qui vient de vous arriver !

— Monsieur l'abbé, je vais aller chez Delescluze.

Le mot de présentation que j'ai fait demander ce matin était chez moi. J'avais bien raison de compter sur le brave cœur que je sollicitais. Voici la substance de ce billet rapide :

« Mon cher ami, je ne puis refuser à la personne qui m'en prie vivement et qui vous porte cette lettre un mot de recommandation pour vous. C'est, sans doute, encore pour un prisonnier..... »

Ainsi je me remets en route.

Quelque rude et périlleuse qu'ait été la tâche déjà faite, on n'a pas encore assez fait, on n'a encore rien fait, s'il reste encore quelque chose de possible à faire.

Et pourtant, une sorte de découragement, aggravé de ce que je souffrais, venait traverser ma pensée : N'ai-je pas fait tout ce que j'ai pu ? Il est vrai que je n'ai pas réussi ! Mais puis-je davantage ? Oui, je puis davantage, puisque ma mission n'est pas remplie, allons jusqu'au bout de ma tâche...

Le temps d'aller — comme tous les jours — aux Champs-Elysées où j'avais affaire et d'y rencontrer — comme tous les jours — par-ci par-là quelque éclatement d'obus, et j'étais chez Delescluze. Je reverrai toujours ce bout de rue, cette grande porte.

Il est cinq heures et demie, M. Delescluze n'y est pas.

— Vous feriez mieux de laisser cette lettre,

dit le citoyen concierge. M. Delescluze n'est que rarement chez lui et ne fait que passer, il pose à peine.

— C'est très-grave, dis-je, ce qui m'amène, c'est très-pressé, j'ai à le voir personnellement.

— Eh bien ! essayez au ministère.

Reprenons le bâton de voyage, repartons pour le ministère.

Je n'avais jamais mis le pied au ministère de la guerre. Quelles proportions grandioses ! Les salons du rez-de-chaussée sont spépécialement affectés aux estafettes, au va-et-vient continuel des officiers, c'est un vrai bazar militaire. Les chevaux arrivent ici jusque dans la maison ; j'en ai vu, comme à Franconi, franchir en se jouant les degrés du perron. Le délégué à la guerre, — souverain actuel de Paris, — dictateur suprême de la dernière heure, occupe, avec son état-major, les splendides appartements du premier étage.

Beaucoup d'allants et venants jusque sur les paliers, transformés en salons d'attente; les uniformes étincellent.

Je remets avec une carte ma lettre à un

huissier, fonctionnaire en habit noir, comme autrefois. Quel affreux désordre dans la grande pièce où je suis introduite ! — Pourquoi, quelque écrasant souci qui m'accable, ne puis-je m'empêcher de voir autour de moi ce qui se passe ? C'est comme en rêve, mais l'obsession de l'analyse ne me fait grâce de rien. Ironie ou pitié, j'ai toujours eu l'entier spectacle, l'entier supplice, veux-je dire.

Une petite femme est là avec un grand gaillard en chapeau rond. Ils me semblent tous deux du beau pays d'Auvergne. Elle attend depuis trois heures, paraît-il ; depuis trois heures, elle gesticule ; c'est la quatrième fois qu'elle revient sans plus de succès depuis une semaine.

— Encore, il n'y a pas si longtemps, murmurait-elle, du temps de Blanchet, dit Panille ou Pourille, je ne sais pas lequel, ça m'est bien égal : Pourille ou Panille, eh bien ! on était reçu ! C'est bien la peine, à présent, au milieu de si grands airs , de traiter les gens comme on fait ! Non! ce n'était pas pire autrefois, quand c'étaient de vrais ministres, avec de vrais laquais, dans de vrais ministères.

— Dites donc, garçon ! eh bien ! est-ce que ce sera pour aujourd'hui ? Vous savez, je vous donne jusqu'à sept heures ! Ce Delescluze ! faire ainsi le seigneur !

— Mon Dieu, madame ! mais M. le Délégué est occupé ! Ce n'est pas sa faute, ce n'est pas la mienne ! — Venez par ici, tenez, si vous voulez, ça vous changera toujours un peu.

L'homme au grand chapeau rond ne disait rien et laissait faire sa compagne turbulente. Ils disparurent tous les deux dans je ne sais quelle autre antichambre.

Ma lettre avait été remise avec ma carte ; un secrétaire vint des appartements intérieurs, et, m'appelant par mon nom :

— M. Delescluze est désolé, madame, de vous faire attendre ; il vous demande mille pardons ; si vous êtes trop pressée ce soir et que vous veuilliez bien revenir demain matin, à neuf heures, il sera moins occupé et sera plus longuement à votre disposition.

— Je verrai M. Delescluze ce soir : j'attendrai.

Et de fait, je n'attendis guère. On m'appela dans un salon encombré de bureaux et obstrué de monde : secrétaires, employés, officiers ; on parlait, on écrivait, on marchait. La porte d'un cabinet attenant à cette grande pièce s'ouvrit (le beau jardin vu des fenêtres !) un personnage, le maître du moment, achevait une discussion avec un autre personnage qu'il reconduisait et qui le saluait, plein de déférence. Ses yeux errèrent dans tout le salon, me cherchant et me nommant.

Je n'oublierai jamais cette figure pâle en paletot gris.

— Qui est-ce qui m'a apporté la lettre de *** ?

Ces mots, dits d'une voix vibrante, anxieuse, émue, passionnée, me firent regarder plein la face celui qui me cherchait.

— C'est moi, fis-je au citoyen Delescluze. J'ai à vous parler.

— Vous avez attendu, vous m'excusez, n'est-ce pas ? Vous comprenez que je ne suis pas libre. Je vous demande pardon.

J'étais assise, il était debout. Non, jamais, je le répète, je n'oublierai cette figure ardente, concentrée, énergique, déguisant mal ou plutôt ne déguisant point du tout une agitation singulière.

Je lui exposai ma démarche brèvement, ardemment. Il ignorait ce que je lui appris de la manifestation du matin à l'Hôtel-de-Ville. Je dédaignai de lui raconter les injures et les menaces à mon sujet du Comité de Salut public.

— Vous pouvez être tranquille, me répondit-il, il n'a rien été fait contre l'ôtage dont vous vous inquiétez. Je vous donne ma parole qu'il est vivant ; j'ajoute que jusqu'à présent il n'est point menacé, et votre recommandation sur lui sera comptée. Pour le moment, vous pouvez en toute sécurité rassurer sa famille. Mais si je réponds de moi, si je réponds de l'instant où nous sommes, je ne réponds pas des autres, je ne réponds pas de l'avenir.....

Il s'animait extraordinairement ; je m'étais levée, et, me prenant le bras, le secouant avec force, plongeant dans mes yeux attentifs un regard enflammé, il reprit avec passion :

— Nous n'avons fait aucune exécution d'ôtage; non, nous n'avons point fait cela ; mais Versailles nous assassine, Versailles viole et assassine nos femmes (1)! — Vous avez vu cela ? Vous suivez la politique, n'est-ce pas ? vous lisez les journaux ? — Eh bien ! si l'on nous y contraint, nous agirons à notre tour ; oui, si l'on nous y force, nous le ferons, nous le ferons !.....

Secouée par cette main ardente, scrutée par ce regard de feu, j'osai répondre cependant ; je redis ce soir en quelques mots ce que j'avais dit si longuement ce matin :

— Si ces violences versaillaises sont vraies, eh bien ! raison de plus pour valoir mieux que votre adversaire, pour ne pas commettre précisément les atrocités que vous lui reprochez.....

— Je le répète, me dit-il d'un ton plus doux et comme s'il eût écouté lui-même sa pensée, oubliant qu'il parlait à voix haute, la personne pour laquelle vous êtes venue me prier est sauve, vous pouvez l'affirmer aux autres ; et tant que la volonté, tant que l'effort de quelqu'un — en présence des

____

(1) Les journaux fédérés n'étaient pleins, tous ces derniers jours, que d'un récit de viol et de meurtre d'une cantinière-ambulancière par des soldats de l'armée.

crimes de Versailles — pourra signifier quelque chose, aucune exécution n'est imminente, aucune extrémité n'est à craindre..... »

Je n'ai pas perdu ma journée ; quelque peu que ce soit, j'ai souffert pour la justice ; cela fait du bien, cela rassérène. J'éprouve à cela une grande joie, et j'y sens une vraie grâce : rester dans la théorie est si amèrement inutile ; entrer dans l'action, dans le *fait*, est si bon ! Agir ! agir ! c'est la loi de conscience !

Cette figure de Delescluze âpre, fanatique, violente, attendrie est singulièrement émouvante. Je ressongeais en l'écoutant à son livre que j'ai lu durant le siége : *De Paris à Cayenne, journal d'un transporté*, bien éloignée alors de supposer que je pourrais un jour en voir l'auteur. J'avais copié en ce temps-là des passages qui me plaisaient, parce qu'ils étaient fiers :

« — Tu as bien fait de marcher au devoir... Plus d'autre religion que le bien, plus d'autre foi que la morale, tel est le cri des serviteurs de la vérité, et leur voix n'ira pas se perdre dans le désert... Soldat du devoir, je savais que c'était un maître jaloux et sévère, auquel on ne donnait point assez, même en donnant tout.....

« — L'humanité appelle de tous ses vœux la fin de ces duels gigantesques où les peuples se ruent les uns sur les autres, sans savoir pourquoi la plupart du temps, et qui leur coûtent le plus pur de leur sang.....

« — Une pudeur invincible me défend les plaintes. Il m'a toujours semblé que l'on ne saurait, sans se manquer à soi-même, laisser envahir sa pensée par le sentiment des souffrances subies...

« — La situation la moins séduisante comporte une somme de ressources qu'il suffit de savoir trouver...

« — Quand une idée vraie a jailli lumineuse sur les nations, tout vient la servir, jusqu'à ce qu'elle devienne souveraine, pour servir ensuite de point de départ à de nouvelles conquêtes... »

Pourquoi, ô philosophe ! vous que je relis et d'autres, pourquoi, pouvant être des pasteurs de peuples, devenez-vous des bourreaux?

Quant au citoyen secrétaire-général qui m'a, ce tantôt, si vivement insultée, qu'il ne croie pas, — si jamais il y songe, — que je lui en veuille de sa conduite. Mes amis, eux seuls, peuvent me faire joie ou peine. Je ne sais en quel lieu l'enverra la défaite; mais, en quelque solitude que ce soit, je lui adresse comme représaille unique un miroir de lui-même, ces vers qu'il m'a copiés et qu'il vint m'apporter jadis avec courtoisie. Qu'il s'y regarde, qu'il s'y retrouve, s'il est possible, et qu'il compare. Ceci pourra s'appeler la vengeance d'une femme.

Poésie du citoyen secrétaire-général du Comité de Salut public, Henry Brissac, jadis poète.

« La gaieté s'en va, disent nos grands'mères :
« On veut des refrains tristement vêtus;
« Cupidon lui-même a les yeux sévères;
« Il vole toujours, mais ne chante plus.

« La jeunesse pense et devient morose;
« Cette folle abeille, accusant le ciel,
« Cherche le secret caché dans la rose,
« Et non le nectar qui ferait son miel.

« Pourtant, la nature a sa robe verte
« Quand Avril joyeux revient l'épouser !
« Si nous avons soif, sa mamelle ouverte
« A toujours du lait pour nous apaiser.

« L'art anime encor le marbre et la toile,
« La volupté veille au fond des boudoirs,
« Et deux yeux remplis de lueurs d'étoile
« Ont toujours besoin de deux soleils noirs !

« C'est mal de semer les belles années
« Dans un sol glacé qui ne peut fleurir :
« Puisque le plaisir vous les a données,
« Vous devez, enfants, les rendre au plaisir ! »

— Elles disent vrai, ces voix du vieil âge,
La jeunesse rêve un autre horizon;
Et comme un oiseau mouillé par l'orage,
Elle ne veut pas dire sa chanson.

Les dieux d'autrefois sont livrés aux flammes,
Leur cendre subit l'affront de ses pas,
Des besoins nouveaux tourmentent nos âmes,
Eprises d'un ciel qui ne s'ouvre pas.

Mais que voulons-nous? quand nous pourrions vivre
Ardents au plaisir, sans souci du mal.....
Si l'esprit de l'homme allait tomber ivre?
S'il était déjà trop plein d'idéal?

Autour du coursier sans frein qui t'emporte,
Mazeppa! les loups vont-ils s'attrouper?
Arbre! n'as-tu plus qu'une séve morte,
Et le bûcheron va-t-il te frapper?

Non! ne craignons pas une défaillance
De l'humanité jetant ses haillons!
La source jaillit pour nous : la science!
Qui mettra l'épi dans tous nos sillons.

Nous buvons ses flots avec son écume?
Qu'importe! ayons foi dans notre cerveau :
S'il donne souvent des fruits d'amertume,
Il ne porte pas l'herbe du tombeau.

Car l'homme vainqueur, domptant la matière,
Jamais n'apparut si grand qu'aujourd'hui,
Et n'osa fouiller, d'une main plus fière,
Le monde caché qui palpite en lui!

Quel est votre mal? Pourquoi l'âme pleure?
Pourquoi les soucis plissent notre front?
— Pauvres! le génie a-t-il sonné l'heure
De la grande agape où tous paraîtront?

Valets! sommes-nous las de nos livrées?
De l'oppression déguisée en loi?
Des cultes forgeant des chaînes dorées
Pour lier l'esprit et servir la foi?

Tueurs! avons-nous brisé notre glaive?
L'échafaud maudit est-il consumé?
Les lauriers du sang n'ont-ils plus de séve?
Les héros du meurtre ont-ils désarmé?

Ne voyons-nous plus leurs troupeaux serviles,
Cadavres sans âme et sans volonté,
Frapper la pensée avec leurs mains viles,
Ramasser l'honneur dans la cruauté?

Est-ce qu'un labeur brutal ou stupide
Ne nous courbe plus ainsi qu'un bétail?
Et l'homme a-t-il mis ce nimbe splendide,
Le plaisir et l'art au front du travail?

On gémit de voir ligués contre l'arche
Les fous qu'elle doit plus tard abriter!
L'éternel désir pressant notre marche,
Et nos lois d'un jour voulant l'arrêter!

L'ignorance humaine accusant la vie,
Frappant à la fois d'un même abandon
L'enfant qui souvent contient le génie
Et le sol qui peut donner la moisson.

Le rire s'éteint quand la faim assiége
Le bouge où le corps du pauvre est rivé,
Et que le vieillard, tremblant sous la neige,
A pour seul abri le froid du pavé ;

Quand la pauvreté fond sur l'ouvrière,
Pour la mettre, enfant, dans l'infâme égout,
L'enfouir vivante en ce cimetière
Où, comme son corps, son cœur se dissout !

Ah! le rire franc, la chair frémissante
Sous le luxe, l'art et la volupté,
L'esprit qui s'élève, et le cœur qui chante
Son hymne d'amour et de liberté !

Le bonheur, enfin! l'étoile polaire,
Le but et l'instinct de l'Humanité,
Il n'est pas foulé sous notre colère
Par la passion de l'austérité!

Nous croyons qu'il faut rompre toute chaîne,
Et que ce tyran de nos premiers pas,
Que la croix antique est honteuse et vaine,
Si le sang d'un Christ ne la rougit pas !

La douleur sans but n'est qu'un vil symbole !
Le bonheur est saint et non criminel !
Mais nous le brisons, ainsi qu'une idole,
Quand les pleurs d'autrui souillent son autel !

Contemplons, heureux, cette sombre flamme
Aujourd'hui mêlée au regard humain !
Elle est le reflet d'une plus grande âme,
D'un plus large amour né dans notre sein !

Si l'air semble plein d'échos de la tombe,
Écoutons, joyeux ! car ce bruit contient,
Au lieu des soupirs d'un vieillard qui tombe,
Le cri de la mère à l'enfant qui vient !

Henry Brissac.

Dimanche, 21 mai. — ..... Et dire que, au lieu de se donner honorablement tant de mal, si souvent inutile, il suffirait de connaître la couturière de la femme de chambre de la *citoyenne* d'un citoyen puissant, de faire recommander, de boudoir en boudoir, la pure et sainte réclame, jusqu'à ce que, parvenue à la bien-aimée du jour, celle-ci dît au bien-aimé de l'heure : Tu vas faire cela, Henry ; je t'ordonne telle chose, Paschal ; tu vas m'accorder cette libération, Raoul ! .....

J'ai écrit ce matin à l'ex-ami de Delescluze pour le remercier de son obligeante recommandation d'hier, puis j'ai écrit aussi à Delescluze ; ma lettre achève ce que je n'ai pu entièrement lui dire, car on ne peut jamais tout dire, la pensée est trop pleine ! Comme il était ému en tenant, dans ses mains, le nom et l'écriture de son ex-ami ! « *Qui est-ce qui m'a apporté la lettre de *** ?* » Qu'il y a loin de là au tapage forcené des Raoul Rigault et consorts !

J'apprends ce matin que, saisie de pitié à la pensée des violences probables, une femme, d'une main mystérieuse et charmante, a, elle aussi, écrit dernièrement à Delescluze. En possession du secret de sa vie, — une chère histoire de cœur, — elle l'adjurait, au nom d'une mémoire aimée, de dépouiller la haine, d'abjurer la vengeance, d'être clément et généreux .....

La lettre ne portait pas de signature, mais se terminait ainsi :

« UNE FEMME. »

A-t-il cru que j'étais *cette femme?*

Le témoignage d'une amitié, l'évocation d'une passion, toutes deux également perdues, n'ont-elles pas un instant attendri sa rudesse ?

Très-peu de grands établissements, — écoles ou lycées, — ont pu échapper aux tyrannies communales. La plupart, traités en monuments publics, ont dû, coûte que coûte, laisser arborer le fameux drapeau rouge. Beaucoup, du reste, imitant la prudence des églises, se sont fermés, maîtres et élèves allant au loin attendre des conditions meilleures.

Seul, le collége municipal Chaptal, avec une vaillance qui réussit toujours, a continué courageusement les études et maintenu le fidèle drapeau tricolore, malgré les injonctions impératives des citoyens délégués à l'Instruction publique et le froncement de sourcils (plus menaçant que celui de Jupiter olympien) du tout-puissant Hôtel-de-Ville.

« — N'y a-t-il point, parmi vous, de pères de famille ? Qui donc, parmi vous, oserait jeter dans la rue des enfants sans défense ? dit délibérément le directeur aux fédérés chargés d'arrêter le maître et d'occuper la maison. Revenez en nombre, si vous persistez. Car, nous vous le déclarons tous, nous ne céderons qu'à la force ..... »

Cette petite manifestation courageuse avait lieu hier ; et, aujourd'hui, pour donner plus de poids encore à l'unanime protestation du collége, MM. les aumôniers, à la tête des élèves, sont allés célébrer la messe à l'église de Saint-Louis-d'Antin.

C'est à n'y pas croire ! il y a encore concert aujourd'hui ! Oui, concert populaire aux Tuileries et place de la Concorde. Il y a de tout dans la Commune : tonnerre et soleil ! la Commune frappe et caresse ! Il faut que le peuple s'amuse ! On annonce de plus, pour demain, une grande représentation extraordinaire à l'Opéra. ...

On me dit à l'instant que la place de la Concorde est gardée par des sentinelles ; le

Festival n'ira pas jusque-là, les obus y arrivent. Voilà la seule musique que j'ai trop entendue, moi et bien d'autres : clairons effarés, rappels ahuris, mitraille forcenée !.....

Rougeurs intenses à l'horizon, c'est le fort de Montrouge qui saute. N'ayant pu faire sauter le fort d'Issy, les fédérés ont fait sauter celui-là. Un immense cri semble flotter dans l'air : *Tout est perdu !*

Tout est sauvé ! disent ceux qui attendent ardemment les troupes libératrices. Tout est sauvé ! mais à quel prix !

On connaît la dramatique évacuation du fort de Vanves. Que de malheureux et de malheureuses y ont péri, à travers l'horrible nuit des catacombes par où les survivants espéraient se sauver ! A demi-noyés dans les eaux mortes des carrières, couverts de plâtre, de gravats, de ruines, suffoqués au milieu des vapeurs épaisses, se reconnaissant aux gémissements étouffés dont s'emplissait l'ombre, quelle agonie et quelle terreur !

Onze heures du soir. — La ville prend un aspect sinistre ; des patrouilles précipitées parcourent les rues; le clairon sonne, la générale appelle aux armes; le tocsin fait entendre sa voix lugubre. Hormis ce seul cri : Aux armes! aux armes! un silence de mort accroît l'épouvante. Au calme inquiétant de la journée a succédé une panique mortelle. L'heure de la bataille suprême a sonné : Dieu ait pitié de nous! On dit l'armée de Versailles entrée par Auteuil. Est-ce vrai?.....

Nuit de dimanche a lundi, 21-22 mai. — Dès onze heures du soir, ai-je dit, générale, tocsin, branle-bas solennel, rumeurs d'une émotion croissante; des voitures d'artillerie passent au grand galop sur le boulevard Saint-Michel. Je me suis levée, je me suis tenue debout à ma fenêtre toute la nuit. Magnifique nuit, avec des palpitations d'étoiles incomparables, une clarté de ciel radieuse, et, à l'orient, dans la trouée que font par ici les maisons, des pressentiments d'aurore où tout-à-l'heure poindra le jour tranquille.

Le marchand de vins d'en face est resté ouvert; des malheureux, sac au dos et fusil à l'épaule, vont y puiser un peu de fièvre et beaucoup de vertige, seul courage dont, en guerre civile, un homme armé soit capable vis-à-vis de son camarade.

Le glas imposant des cloches domine l'incessant roulement des tambours, l'appel désespéré des clairons. Des hommes isolés passent devant ma fenêtre. Sous la lumière du réverbère, leur forme s'allonge, s'allonge dans la traînée rouge comme de grands spectres fantastiques....... Trois ou quatre fenêtres sont éclairées : foyer sombre, tout paraît de sang. Et, à travers cela, les coqs chantent et, de distance en distance, se répondent comme des sentinelles; des chats traversent la rue, agiles et effrayés. On a muselé les chiens, pourtant ils pleurent.

Parmi ces hommes qui partent et dont si peu, si peu reviendront, il y en a qui sifflent; j'en entends qui rient; ils entonnent sur l'air le plus faux du monde quelque bribe patriotique de chansons guerrières. Et la sommation des tambours devient plus pressante, plus sinistre; le canon de tous côtés roule son tonnerre; des pas multipliés, innombrables signalent des bataillons en marche : ils passent, ils sont passés. Quelques cavaliers au grand trot, peu solides sur leur monture grossière, courent au rendez-vous de l'alerte qui est proche; le drame se joue à notre porte ; une surprise se sera encore produite contre les fédérés toujours surpris. Tout-à-l'heure, avant que le soleil ait lui, ils reviendront, décimés, harassés, démoralisés, noirs de poudre, et criant : Trahison! trahison!

Cinq heures du matin. — En voilà déjà qui reviennent, un bataillon tout entier a été écrasé. Que disais-je! C'est bien cela! Trahison! trahison! tout le monde aux armes!

Le tocsin n'a pas cessé, la générale précipite encore plus son *De profundis,* les maisons s'ouvrent, des groupes s'animent. Des petites filles, à peine habillées, sautent à la corde.......

LES SEPT JOURNÉES.

Du lundi 22 mai au dimanche 28.

PREMIÈRE JOURNÉE.

Lundi 22 mai 1871.

« Que tous les bons citoyens se lèvent !

« Aux barricades ! l'ennemi est dans nos murs !

« Pas d'hésitation !

« En avant ! pour la République, pour la Commune et pour la liberté !

« *Aux armes !*

« Paris, le 22 mai 1871.

« LE COMITÉ DE SALUT PUBLIC. »

Après le branle-bas de la nuit, il fallait bien comprendre que nous touchions à la crise finale. Oui, nous sommes au dernier moment, expirants, sinon tout-à-fait morts. L'armée de Versailles est entrée dans Paris par une large brèche pratiquée au bois de Boulogne (1). Dieu soit loué ! il n'y aura pas d'assaut ! Le pays attend sa délivrance, comme certains malades attendent l'amputation, avec un frémissement plein d'épouvante.

Paris se couvre de barricades.

« *Le peuple de Paris aux soldats de Versailles :*

« FRÈRES !

« L'heure du grand combat des peuples contre leurs oppresseurs est arrivée.

« N'abandonnez pas la cause des travailleurs !

« Faites comme vos frères du 18 mars !

« Unissez-vous au peuple dont vous faites partie.

« Laissez les aristocrates, les privilégiés,

____

(1) L'armée est entrée par la porte de Saint-Cloud, grâce à la courageuse initiative de M. Ducatel.

les bourreaux de l'humanité se défendre eux-
mêmes, et le règne de la justice sera facile
à établir.

« Quittez vos rangs !

« Entrez dans nos demeures.

« Venez à nous, au milieu de nos familles.

« Vous serez accueillis fraternellement et
avec joie.

« Le peuple de Paris a confiance en votre
patriotisme.

> *« Vive la République !*
> *« Vive la Commune !*
>
> « LA COMMUNE DE PARIS. »

Des débris de bataillons reviennent. Quelles
figures sombres, découragées, effarées, pe-
naudes ! C'est le retour de la bataille. Nous
avions vu cela dans les livres, nous le voyons
dans la vie. Il y a plus que de la consternation sur ces visages, il y a de la stupéfaction : on sent que la terre tourne autour de
leurs regards. Beaucoup ne peuvent aller plus
loin, ils s'affaissent sur les chaises des cafés,
sur les bancs du boulevard. Et pourtant tous
prétendent avoir tué leur homme. On fait

cercle autour d'eux. Des civières défilent : morts ou blessés, des tas ensemble.

Vous qui n'aurez point vu ces choses, ne croyez pas vous en faire une idée. Les boutiques sont fermées, les chaussées vides ; on les dépave : terre et cailloux, tout sert. Un silence oppressif remplit l'espace. Et puis des gardes nationaux accourent, muets aussi, en rangs ; ceux-là vont où l'on se bat, du côté de Montrouge. « Des barricades ! partout « des barricades ! Fortifiez le cinquième ar- « rondissement ! le Panthéon est une cita- « delle ! Des barricades sérieuses aux cin- « quième et sixième ! » Ainsi, pistolet à la ceinture, sabre au poing, baïonnette au fusil, ordonnent des estafettes anxieuses.

« Le Comité de Salut public arrête :

« Article premier. — Les persiennes ou volets de toutes les fenêtres demeureront ouverts.

« Art. II. — Toute maison de laquelle partira un seul coup de fusil ou une agression quelconque contre la garde nationale sera immédiatement brûlée.

« Art. III. — La garde nationale est chargée de veiller à l'exécution stricte du présent arrêté ..... »

Vous rappelez-vous, en Juin 1848, l'effet inexprimable de ce grand cri répercuté, le soir, sur toutes les maisons de la ville morte : « Sentinelles, prenez garde à vous ! » Des lampions mornes aux fenêtres, pas de lumière chez les habitants. Cette fois-ci, la rumeur est plus funèbre encore : « Aux armes ! aux armes ! » Les affiches, lues à haute voix, se succèdent avec ce cri unique : « Aux armes ! »

« Aux armes ! Que Paris se hérisse de barricades ! Que derrière ses remparts improvisés, Paris jette encore à ses ennemis son cri de guerre, cri d'orgueil, cri de défi, mais aussi cri de victoire ! ... Que les rues soient toutes dépavées ! ... Ces pavés, nouveaux moyens de défense, devront être accumulés, de distance en distance, sur les balcons des étages supérieurs des maisons ... Faites sauter ou incendier les maisons qui gênent votre système de défense !...

« Que le Paris révolutionnaire, le Paris

des grands jours fasse son devoir ; la Commune et le Comité de Salut public feront le leur. »

Et dire qu'il y a, en ce même moment où Paris devient champ de bataille, des retraites ombreuses, pacifiques et charmantes, des forêts où passe la brise avec de gais oiseaux chantants, des oasis de calme où le rêve suit son vol radieux !..... Et puis, des bords de mer tranquilles avec le grand Océan bleu diapré de soleil, murmurant doucement, doucement, et caressant à l'horizon quelque svelte voile blanche frangée d'écume.....

Mais il n'y a pas, il n'y a nulle part, n'est-ce pas, Seigneur ? dans notre France humiliée et blessée, des indifférents qui font cercle, rient, chantent, avec émulation de toilettes et de broderies, vont aux spectacles et aux fêtes, tandis que nous, ici, nous mourons ? Il n'y a pas en France de Français qui s'amusent, n'est-ce pas, Seigneur ?

L'heure sonne, inexorable, impassible, ses quarts, ses demies, ses trois quarts, ses heures, et c'est une impression inexprimable que ce bruit régulier des cloches insensibles dans tout ce déchaînement et ce fracas d'horreurs. — Le Destin n'y prend pas garde! Le Temps remplit sa tâche! La vie passe et marque ses secondes. Ainsi fait le jour. O sérénité implacable !

— Halte-là ! qui vive !

— Avancez au mot de ralliement !

— Commune !

DEUXIÈME JOURNÉE.

Mardi, 23 mai.

— Halte-là ! qui vive !

— Amis !

— Il n'y a pas d'amis !

— Halte-là ! qui vive !

— Ronde major !

Et voilà, toute la nuit, sous le dôme étincelant du ciel, ce qu'on entend à mon coin de rue. J'ai une barricade à ma porte : des femmes et des enfants l'ont faite au chant de la *Marseillaise*. Quatre autres s'é- lèvent, à côté, en face, à droite, à gauche.

Les femmes fédérées qui siégeaient à l'Ecole de droit se sont mises, elles aussi, en tenue de campagne. Celles qui semblent mener les autres portent de grandes écharpes rouges sur une robe noire ; elles ont, de plus, une cocarde sur la poitrine.

Nos voisins ont cru sauvegarder leur petite maison basse en y attachant un drapeau italien. Quel danger ! ceci parut un drapeau tricolore, et tout de suite un poste entier vint, avec force menaces, le faire enlever impérieusement.

On voit des choses qui semblent visionnaires. Ainsi, sur les toits, de vraies apparitions de fantômes. Que font ces blouses blanches qui, avec mille précautions, paraissent, disparaissent, comme mues par un ressort, s'ensevelissent dans des profondeurs, et tout d'un coup surgissent de nouveau ? L'une de ces blouses aperçut mon ombre à ma fenêtre ; l'éclair d'un fusil brilla vers ma personne ; mais une femme fédérée mit le bras sur cette arme ; et, me désignant :

— Ce n'est pas un homme, s'écria-t-elle ; c'est une femme.

Je fermai ma fenêtre.

Les gardes des barricades, sentinelles de la rue, ont veillé fièrement leurs pavés ; quelques-uns pourtant sont tombés de fatigue. Ils gisent allongés sur les pierres du terrain d'en face : on dirait déjà des morts.

Nous avons le clairon et le rappel, comme en campagne. La générale bat au loin. Des estafettes soucieuses viennent voir les choses : « les Versaillais avancent, avancent », disent-elles. « Depuis, ajoutent-elles, qu'un traître leur a livré nos portes, le faubourg Saint-Germain est à eux ; ils atteindront bientôt l'Observatoire ; le Panthéon doit se montrer héroïque ; ces barricades sont insignifiantes ; il faut les faire plus sérieuses ; il y faut des canons, des fusils, de la poudre. »

Et le bombardement continue toujours, les obus arrivent de toutes parts ; cette guerre est la rage, la folie de la barbarie. Juin était un jeu au prix d'elle, ceci est l'extermination du monde.

Midi. — Par une issue dérobée traversant vite la rue étroite, j'ai gravi le haut belvédère de la terrasse voisine, situation d'où l'on domine entièrement Paris. Quelques personnes étaient là, couchées à plat ventre, ne laissant à peine dépasser que leurs têtes, danger très-grand encore, car les fédérés occupent les toits environnants; le moindre mouvement leur paraît suspect; ils tirent sur tout ce qui remue. Mais quelle représentation d'enfer! quelle vue incomparable! Qui n'a pas contemplé le feu d'artifice du bombardement dans la frénésie de sa fureur, avec tous les sillonnements d'éclairs des obus, le fracas des explosions, au nord, au sud, de près, de loin, de partout, à côté, là-bas, dans toutes les directions, avec l'incendie des maisons qui s'allument, non, qui n'a pas vu cela, sous ce radieux soleil de mai, n'a rien vu, n'a le droit de parler de rien! Qui n'a pas, d'un observatoire pareil, assisté à ce jeu de hasard des bombes lancées rageusement sur une ville, ne peut imaginer cet effrayant spectacle. Les oiseaux eux-mêmes sont épouvantés. Des hirondelles passent, poussant des cris comme des oiseaux de mer et tombent effarées.

Le tocsin sonne; j'oublie qu'il faut se cacher; des fusils sont pointés contre nous du haut de cheminées voisines, il faut des-

cendre. Depuis le siége prussien, l'ennemi —
pour le peuple affolé — est partout. Un chat
trotterait imprudemment sur les toits que
vous entendriez ce cri : Trahison ! trahison !

Six heures et demie. — Des coups de feu
sont tirés d'une maison : cinq, six, sur les
fédérés de la barricade Soufflot. Un artilleur
qui ajustait sa pièce a été tué roide.

Ordre de fermer les fenêtres et de tenir
les portes des maisons ouvertes. On entend
la fusillade, le combat se rapproche, le champ
de bataille se resserre.

Un jeune délégué, à l'écharpe rouge, citoyen
membre de la Commune, préposé à la garde
d'un canon qui attend son affût et ses artilleurs, est resté des heures et des heures à
ce coin de la rue Cujas. Pâle, inquiet, agité, on
voyait sur sa figure fiévreuse passer le tremblement de sa pensée. Des cavaliers à chapeaux
tyroliens, à vestes bariolées, traversées de bran-
debourgs, portant les insignes du Comité central, sillonnaient la chaussée dépavée. Ce sont
les Enfants-Perdus, paraît-il ; les gardes nationaux de la barricade s'appellent entre
eux : les Fédérés de la Mort.

Le jeune délégué pâle reste engourdi dans sa torpeur. Un orgue trouve moyen de venir naziller la *Marseillaise;* il l'écoute stupidement, rien n'éclaire ses yeux mornes.

« — Plus solides que cela! vous dis-je! tout-à-fait sérieuses! tout-à-fait fortifiées, les barricades d'ici! » répètent, du haut de leurs montures, d'importants personnages, vivement acclamés par la foule :

— Vive la Commune! vive Paris!

— Oui, les amis, et vive la mort!

Ainsi se trouve réalisée l'inscription révolutionnaire du haut fronton de l'Ecole de droit :

LIBERTÉ, EGALITÉ, FRATERNITÉ
ou la mort!

Il n'y a ni liberté, ni égalité, ni fraternité, en effet, sous l'émeute; il n'y a que la mort, rien que la mort!

Un espace a été ménagé autour de nos barricades pour la circulation des voitures de service destinées à la défense du Panthéon. Ce sont des prolonges d'artillerie, des camions de chemin de fer, des véhicules de tout calibre, avec des caissons de poudre, des tonneaux de munitions, des empilements de cartouches et d'obus, des traînées de canons tout chargés. Le tragique défilé est interminable. Tout ce qui va nous faire sauter passe en détail devant nos yeux.

Est-ce que tout cela est réel? Sommes-nous éveillés? Ne rêvons-nous pas un horrible rêve? Est-ce bien là de la vie humaine?

Oui, cela est réel : cette sanglante tragédie est vivante; voici, comme hier, la veillée des barricades.

— Qui vive!

— Ronde major!

— Avance à l'ordre!

— Patrouille!

— Vive la Commune!

— Va pour la Commune!

Et tout d'un coup, quel embrasement du ciel! Les Tuileries brûlent, l'Hôtel-de-Ville brûle. Qu'est-ce que vous dites-là? Je vous dis que tout Paris brûle!.....

TROISIÈME JOURNÉE.

Mercredi, 24 mai.

Cette journée du 24 mai 1871 a été la plus terrible de la terrible semaine. Par ici, tout le monde a cru faire sa dernière prière. On s'est tellement tué de part et d'autre, dans cet emmèlement et cet acharnement de colère et de haine, que cette journée, dis-je, — censément saint Donatien sur le calendrier, — peut bien s'appeler la Saint-Barthélemy de la rue.

La nuit a été épouvantable de réciproques fureurs. Obus, boîtes à mitraille, canonnade, fusillade, tout éclatait à la fois dans un concert affreux. Le ciel lui-même est rouge ; les éclairs de massacre l'ont incendié : l'action est tout près, au Luxembourg ; on voit le feu et l'ardente fumée du combat ; on tire de partout, des toits, des fenêtres, des caves..... Et puis, c'est bien vrai ! les Tuileries brûlent, l'Hôtel-de-Ville brûle, quantité de maisons, des rues mêmes sont en flammes !

Trois heures du matin. — Des voitures d'ambulance passent, rouges de sang; sous des couvertures trop courtes ballotent des cahotements de morts : c'est par charretées qu'on les ramasse.

Depuis deux jours je suis prisonnière; les rares passants qui ont le courage d'aller chercher du pain doivent mettre leur pavé aux barricades. On ne me ferait jamais mettre un pavé à une barricade, on me tuerait avant de m'y forcer.

Quoi! pour la défense ou pour l'attaque un pavé peut représenter mort d'hommes, et ma main de femme y consentirait ! Je mourrais plutôt comme Ugolin dans sa tour.

Notre barricade, selon l'expression des fédérés, est devenue *sérieuse;* on l'a faite, nous l'avons vu, en famille; les enfants du quartier, au milieu de pères et de mères, l'ont construite en chantant; des hommes graves, ceux-ci : *Vengeurs de Flourens,* y appliquèrent les règles de l'art; une distribution de bouteilles vint ajouter à la verve commune; les travaux allèrent vite; cette barricade est un modèle. On y a pratiqué des meurtrières, une mitrailleuse y est déjà installée, et un gros canon attend sa place. Un artilleur, chargé de ce détail suprême, est à cheval sur ce gros canon immobile. C'est un garçon de vingt ans, hardiment découplé, de figure très-soucieuse et très-fine. Il a les bras croisés et il rêve, il rêve infiniment; c'est à peine s'il répond à ceux qui lui parlent. Des caissons de poudre passent et passent sans cesse, empilés les uns sur les autres, augmentant encore la réserve effrayante du Panthéon.

Les vieux, ceux qui ne peuvent se battre comme les jeunes, ont fait la veillée des barricades. Le gardien de la nôtre — cette nuit — était un vieillard qui grelottait sous sa mince vareuse, mal protégée d'un drap de lit. Sa tête est toute blanche; il a bien 70 ans; son fusil tremblait dans ses mains, et son corps vacillait sur ses jambes; une vieille femme est venue, ce matin, lui apporter la soupe.

On vivait à la porte, ne pouvant songer à son lit et ne devant point se hasarder aux fenêtres. Des âmes compatissantes ont envoyé à ces malheureux des matelas et du linge. « Ce sont des matelas perdus, » me dit un fédéré, très-âgé aussi, et qui ne cessait de répéter : *Ma pauvre femme! mes pauvres enfants! si nous pouvions mourir ensemble ! Quel malheur d'être pauvre !* — Oui, madame, ce sont des matelas perdus, car, voyez-vous, les hommes sont ivres; comment les en empêcher? On sait qu'on est sacrifié, on voit la mort d'avance, alors on boit....

— Mais sauvez-vous donc! sauvez-vous! Laissez cette horrible bataille! Allez à vos pauvres femmes et à vos enfants!

— Le moyen de le faire! ceux qui ne sont pas pris en avant sont pris en arrière! Des postes sont à toutes les portes. Nous savons bien que nous sommes perdus! Le père a été tué hier, peut-on abandonner les autres? Voyez ce vétéran grand-père, là-bas! Croyez-vous qu'il se fasse illusion? Non, il sera tué comme les autres, et il reste comme les autres...

Oh! si, par un miracle de charité divine, on avait pu, même aujourd'hui, faire tomber les armes et sauver ce qui peut encore être sauvé de Paris!

Dix heures et demie. — L'affiche suivante est collée à notre porte et se répète activement sur tous les murs :

« COMMUNE DE PARIS.

« *Fédération de la garde nationale.*

« COMITÉ CENTRAL.

« Soldats de l'armée de Versailles !

« Nous sommes des pères de famille.

« Nous combattons pour empêcher nos enfants d'être un jour, comme vous, sous le despotisme militaire.

« Vous serez, un jour, pères de famille. Si vous tirez sur le peuple aujourd'hui, vos fils vous maudiront comme nous maudissons les soldats qui ont déchiré les entrailles du peuple en juin 1848 et en décembre 1851.

« Il y a deux mois, au 18 mars, vos frères de l'armée de Paris, le cœur ulcéré contre les lâches qui ont vendu la France, ont fraternisé avec le peuple ; imitez-les !

« Soldats, nos enfants et nos frères, écoutez bien ceci, et que votre conscience décide :

« Lorsque la consigne est infâme, la désobéissance est un devoir !

« 3 prairial, an 79.

« LE COMITÉ CENTRAL. »

Côte à côte, ces deux dernières proclamations du Comité de Salut public :

« COMMUNE DE PARIS.

—

« *Comité de Salut public.*

—

« Citoyens de Paris,

« La trahison a ouvert les portes à l'ennemi ; il est dans Paris ; il nous bombarde, il tue nos femmes et nos enfants.

« Citoyens, l'heure suprême de la grande lutte a sonné. Demain, ce soir, le prolétariat sera retombé sous le joug ou affranchi pour l'éternité. Si Thiers est vainqueur, si l'Assemblée triomphe, vous savez la vie qui vous attend : le travail sans résultat, la misère sans trêve. Plus d'avenir ! plus d'espoir !

« Vos enfants, que vous aviez rêvés libres, resteront esclaves; les prêtres vont reprendre leur jeunesse; vos filles, que vous aviez vues belles et chastes, vont rouler flétries dans les bras de ces bandits.

« Aux armes! aux armes!

« Pas de pitié. — *Fusillez ceux qui pourraient leur tendre la main!* Si vous étiez défaits, ils ne vous épargneraient point. Malheur à ceux qu'on dénoncera comme les soldats du droit! malheur à ceux qui auront de la poudre aux doigts ou de la fumée sur le visage!

« Feu! feu!

« Pressez-vous autour du drapeau rouge, sur les barricades, autour du Comité de Salut public. Il ne vous abandonnera pas!

« Nous ne vous abandonnerons pas non plus. Nous nous battrons avec vous jusqu'à la dernière cartouche, derrière le dernier pavé.

« Vive la République! vive la Commune! vive le Comité de Salut public.

« LE COMITÉ DE SALUT PUBLIC. »

« Soldats de l'armée de Versailles,

« Le peuple de Paris ne croira jamais que

vous puissiez diriger contre lui vos armes quand sa poitrine touchera les vôtres; nos mains reculeraient devant un acte qui serait un véritable fratricide.

« Comme nous, vous êtes prolétaires ; comme nous, vous avez intérêt à ne plus laisser aux monarchistes conjurés le droit de boire votre sang, comme ils boivent vos sueurs.

« Ce que vous avez fait au 18 mars, vous le ferez encore, et le peuple n'aura pas la douleur de combattre des hommes qu'il regarde comme des frères et qu'il voudrait voir s'asseoir avec lui au banquet civique de la liberté et de l'égalité.

« Venez à nous, frères, venez à nous, nos bras vous sont ouverts !

« LE COMITÉ DE SALUT PUBLIC. »

Le feu couvre les barricades voisines, le canon tonne tout près de nous, la fusillade devient pressante; un membre de la Commune, décoré de tous ses insignes, sa grande écharpe rouge au vent, escalade le monticule de terre crénelée que fait en bas la barricade Saint-Jacques. Celui-ci est venu à pied ; il porte un simple képi sur la tête, mais des pistolets sont à sa ceinture, et il parle, le sabre à la main. Sa voix est forte et assurée; les fédérés sont dans la tranchée profonde, à plat ventre sur des matelas, chargeant leurs fusils et les disposant par les trous des meurtrières.

« — Encore une fois, s'écrie-t-il, le peuple est vaincu, encore une fois la cause du peuple est perdue. A la mort! à la mort! Tous dans la mort! Mais en mourant, n'épargnez rien! »

En même temps, sur le boulevard Saint-Michel se produit une rumeur immense et passe à fond de train une charge de cavalerie. Les fédérés se massent, une musique extraordinaire, passionnée rallie les gardes nationaux dispersés à travers ce vertige et distribue les forces proportionnellement aux barricades. Cette fanfare est un commandement.

Je n'ai jamais entendu musique rouge plus entraînante et plus ardente. C'était une rare mise en scène pour le dernier acte de la tuerie. Toutes les fibres de mon âme palpitèrent, il semblait qu'un appel était fait à nous autres, les songeurs inutiles.

Les musiciens sont en tète des troupes de combat, stimulant, harmonisant, enflammant l'ardeur guerrière : ainsi dans la vie doivent marcher les poëtes, en tête des penseurs, ces soldats militants, ces combattants au pas de charge de l'humanité !

Après cette émotion de la barricade, j'étais montée au faîte de la maison juger du progrès des incendies. A gauche les Tuileries, en face la Préfecture de police, à droite l'Hôtel-de-Ville : trois foyers aux grands jets de flammes, gerbes de feu d'où s'envolait toute notre histoire. L'Hôtel-de-Ville, surtout, cette perle de nos palais parisiens, occupait et atterrait mes regards. Il était impossible, étant née à Paris, de ne pas aimer chèrement l'Hôtel-de-Ville. Je vis s'effondrer la tour du milieu avec des éclats et des pétillements de phosphore étincelants; et, de cet élégant pavillon embrasé que surmontaient si fièrement les armes de la ville (le traditionnel vaisseau de l'Etat), s'élevèrent à plein ciel des papiers innombrables.

Au milieu des archives, parmi des documents sans prix, mêlé à toutes ces richesses disparues, ainsi périt, je dois le dire, un mien manuscrit qui me fut emprunté jadis, ne fut jamais lu, ne me fut jamais rendu et resta profondément oublié dans les armoires municipales : histoire très-jeune de pensée, encore plus jeune de style, mais où, sous ce titre : *Deux cœurs de femmes,* j'avais résumé, à ma manière, cette théorie vieille comme le monde de la passion et du devoir. C'est là une belle mort pour mes héroïnes, un dénouement que je n'aurais guère inventé : autant en emporte le vent!

Mais je n'ai pas le temps de songer à ces fictions et à ces rêves. Un bruit épouvantable retentit dans tout le quartier, la maison oscille, la toiture tombe à nos pieds, toutes les vitres éclatent, toutes les portes s'ouvrent. « C'est un saut de mine, dit quelqu'un, ce n'est pas un obus! »

C'est l'explosion de la poudrière du Luxembourg. Le chef de barricade avait bien dit : *N'épargnez rien!* A quand l'explosion du Panthéon?

Il était une heure.

Le combat était commencé. Ils sont là quatorze fédérés, des femmes préparent les fusils, les hommes tirent. Le canon tonne et crache, la mitrailleuse grince et rage.

Impossible de se tenir chez soi, les balles sifflent à travers les fenêtres. Ce coin de. rue est une lanterne. Impossible de se tenir dans l'escalier qui vacille; les caves elles-mêmes sont peu sûres, car la bataille est acharnée à la porte; on croit à chaque instant que cette mince porte va céder; le moindre mouvement de ce côté serait mortel; la riposte des insurgés est effroyable; on dirait que des pavés s'écroulent, et c'est toujours la fusillade. A travers ce vacarme, des gémissements de blessés qui tombent; puis, ce sont de grands cris :

« — Rendez-vous! rendez-vous!

« — Vive la Commune! »

Ils ne se rendent pas!

A trois heures un bruit de chevaux nous fait penser que les soldats de Versailles sont maîtres. Non! la bataille est, au contraire, encore plus véhémente. Les fédérés se laissent tuer; la fumée des canons nous enveloppe, et l'on entend distinctement les jurons des uns, les imprécations des autres, les plaintes suprêmes de ceux qui meurent :

« — A bas Versailles! vive Paris!

« — Vive la Commune! »

Quand on voit tant d'êtres ignorants mourir si héroïquement pour une mauvaise cause, on est pris, soi, d'une envie irrésistible de mourir aussi vaillamment pour une cause généreuse. Pourquoi les honnêtes gens, — plus que faibles (entre nous !), — ne sont-ils pas humiliés et jaloux de cette supériorité des autres sur eux, et ne tiennent-ils pas à honneur d'égaler, sinon surpasser cette bravoure ?

J'ai dit que tout le monde avait fait sa dernière prière ; et pourtant ils n'avaient pas entendu, les autres ! perdus dans leurs plaintes et leurs réminiscences bruyantes et d'ailleurs cachés tout de suite au fond des caves, ce que j'avais, moi, distinctement retenu de l'impérieux discours des barricades, cet effrayant « *N'épargnez rien !* » Je rassure comme je puis la maison éplorée en faisant valoir que ce que nous pouvions craindre de pire, nous l'avions eu : l'explosion du Luxembourg. Et je savais — l'ayant entendu — que cela n'était rien, car ils l'ont dit et redit, ces Fédérés de la Mort qui tuent, que l'on tue et qui tombent ; ils ont dit et redit : Que le Panthéon saute !

J'aurais pu compter tout ce qui a passé de barils et de caisses pour l'accomplissement de cet acte immanquable...

— Taisez-vous ! mais taisez-vous ! ne puis-je m'empêcher de dire à des femmes qui racontaient en larmes des histoires féroces , s'effrayant encore mutuellement de lamentations puériles. Qui donc peut songer à autre chose qu'à recommander son âme à Dieu et à faire sa prière !

La position était intolérable ; le râclement de la mitrailleuse, la canonnade du Panthéon ébranlant la maison et la criblant d'obus, la fusillade furieuse qui semblait devoir enfoncer la porte et la trouait de balles, le tapage des pavés, les clameurs des combattants, la chute des corps, la certitude de l'explosion prochaine , tout cela parut durer une éternité, tout cela dura sept heures !

Et pendant ces horreurs que la plume est impuissante à décrire, un bel enfant étendu sur les genoux de sa mère dormait, blanc et rose, avec un souffle paisible, et, sur sa petite bouche entr'ouverte, un sourire ! Il n'entendait rien de ce vacarme épouvantable ; ces infamies de la terre n'arrivaient point à son cœur d'ange; les cris eux-mêmes des mourants ne troublaient en rien sa vision du ciel. Ce beau sommeil n'eut pas un frissonnement....

« — En avant ! en avant ! » Une charge de cavalerie par ici, une charge à la baïonnette par là, en avant ! en avant ! Des fantassins courant, escaladant les barricades, arrachant les drapeaux rouges, plantant les drapeaux tricolores, « en avant ! en avant ! » Ce sont les pantalons rouges, nous sommes délivrés, c'est Versailles !

Le feu était au Panthéon, l'incendie avait commencé ; quelques minutes encore, tout le quartier sautait !

Et les autres ? mettez la main devant vos yeux, ne descendez pas à la porte, ne regardez pas à la fenêtre ! Ce sont des morts, partout des morts !...

« — Faites l'appel, dit à son lieutenant le jeune capitaine du 38e qui, son trophée de drapeau rouge à la main, — le drapeau de notre barricade, — venait si brillamment de nous sauver. Comptez vos hommes, prenez la liste !

« — Capitaine! sur trente-deux, dix-neuf manquent.

« — Laissez les noms en blanc. C'est bien! La lutte a été rude! »

Il y avait du sang partout, plein la porte, plein le trottoir, le ruisseau était rouge; des loques jonchaient le sol : tronçons de baïonnettes, débris de ceintures, pans de tuniques, morceaux de blouses, képis, cartouchières, chaussures.....

De l'autre côté de la barricade, là où par tas gisaient des morts, les jeunes soldats du 38ᵉ rejetèrent ces défroques, et, bravement, exténués de lassitude et de besoin, seulement séparés des..... autres par un mince parapet de pavés, ils firent la soupe et mangèrent.

Après la bataille acharnée la victoire silencieuse. Les habitants ne sont pas encore sûrs d'avoir échappé à la mort, ils se tâtent; mais le sentiment de la résurrection l'emporte, toutes les fenêtres se garnissent de drapeaux tricolores, quelques poltrons illuminent.....

Sous l'impression du jour qui tombe, ces drapeaux et ces oriflammes, cette ville pavoi-

sée et tremblante, ce deuil qui prend un air
de fête, portent à l'âme une tristesse indéfi-
nissable.....

La veillée de cette nuit peut s'appeler la
veillée des morts.....

QUATRIÈME JOURNÉE.

Jeudi, 25 mai 1871.

..... Et puis, à côté de ces..... autres qui
dormaient du sommeil éternel, les soldats,
après avoir mangé la soupe, ont fait un
somme.....

Je voulais ne pas voir, mais comment se re-
poser? comment dégager sa pensée? La nuit
était limpide, avec un recommencement de
lune claire; le regard tombait sur trois grands
garçons fusillés, allongés sur la terre. L'un
était ce pauvre artilleur de vingt ans, si
songeur, hier matin, sur son canon sans affût. Lorsqu'on lui cria : Rendez-vous! il

ouvrit sa veste, découvrit sa poitrine et fut frappé au cœur. Les bras ouverts, la face haute, le corps tout droit, il a encore une fière mine ; le cœur n'est qu'une grande plaque de sang : toute sa jeunesse a jailli là !

On dit Delescluze tué ; alors, qu'est devenue sa promesse ? que sont devenus les ôtages ? On dit Raoul Rigault tué aussi. Ce grand bruit que nous avons entendu hier, vers trois heures, était une sommation de se rendre. Tous répondaient : « Vive la Commune ! » Il était là.

« A trois heures de l'après-midi, — dit
« le *National,* — l'ex-délégué à la sûreté gé-
« nérale, l'ex-procureur de la Commune,
« Raoul Rigault, était venu donner des or-
« dres aux fédérés du cinquième arrondis-
« sement. Il portait le costume de chef d'esca-
« dron d'état-major. Un premier coup de feu
« tiré sur lui ne l'atteignit pas. Cependant les
« soldats le saisissaient dans une maison où il
« essayait de se cacher. On lui fit des-
« cendre la rue Gay-Lussac pour l'a-
« mener au Luxembourg. A la hauteur de
« la rue Royer-Collard, à quelques pas du

« boulevard Saint - Michel, l'escorte ren-
« contre un colonel d'état-major, qui s'in-
« forme du nom du prisonnier.

« Celui-ci répond par ce cri : *Vive la*
« *Commune ! à bas les assassins !*

« Aussitôt, il est acculé contre le mur et
« passé par les armes.

« Son cadavre est resté à la même place.
« Une main charitable l'a recouvert de paille
« et a placé là un écriteau sur lequel on
« lit :

« *Respect aux morts !*
« *Pitié pour son malheureux père !* »

Des personnes du quartier, qui ont pu rencontrer Raoul Rigault vivant, affirment,
d'autre part, que ce cadavre n'est pas le
sien.

Oh ! comme on serait tenté de dire avec
le grand poëte américain Th. Hood :

« Any where, any where, out of the world ! »
(*N'importe où, n'importe où, en dehors du monde !....*)

« Vous n'avez donc pas peur de la mort ? »
— me disaient, la semaine dernière, les for-

cenés du Salut public. Et je répondais, dans mon grand contentement de mourir pour quelque chose : La mort est la plus belle chose de la vie !

Oui, la mort utile, la mort bonne à une cause de dévouement ou de sacrifice, cette mort qui peut profiter à quelqu'un, est enviable et désirable; mais l'affreuse mort inutile que nous avons failli subir hier, cette mort que l'explosion imminente du Panthéon semblait rendre infaillible, cette mort-là était doublement effroyable, car elle ne servait à rien, ni à personne.....

Notre petit coin tout seul est délivré ; la fusillade continue très-vive dans le voisinage. Que fera la future humanité de tout ce rouge engrais de morts ?

La légende se mêle déjà à l'histoire. On raconte qu'une très-belle fille fédérée, arrêtée parmi les combattants, tenait, pressé sur sa poitrine, un drapeau rouge portant ces mots : *N'y touchez pas !* Cette créature était si résolue que, malgré le vertige de l'heure, les militaires ne la fusillèrent qu'à regret, chacun voulant laisser à d'autres cette besogne. Quarante-deux compagnons, — tout une bande

:ndomptable, — furent, du reste, exécutés sommairement avec elle.

Autre récit rapporté par un témoin, blessé dans la bagarre.

C'était hier, boulevard d'Italie, 75. Les insurgés avaient élevé là une redoute monstre, véritable fortification à triple étage, avec tranchées, souterrains, meurtrières. D'abord défendue par cent cinquante hommes, la barricade se trouva réduite à cinq. Ces cinq ne se rendirent pas. Leur forteresse improvisée fut bombardée, la maison incendiée; une jeune fille de vingt-deux ans, qu'on n'avait pu emporter et qui s'était réfugiée dans une cave, mourut de frayeur. A côté de ce jeune cadavre qui allait brûler, au milieu des cent quarante-cinq camarades hors de combat, après *trente-neuf heures de bataille*, les cinq ne se rendirent pas : ils furent passés par les armes.

Que vont devenir ces trois grands garçons fusillés (je ne parle que de ceux de ma porte), ceux-ci que je ne puis m'empêcher de voir à chacun de mes moindres mouvemens vers les fenêtres? Il y a, de tous les côtés, de sombres tas immobiles, les fossés des barricades, sont combles : pantalons rouges, pantalons

noirs ; mais je ne veux pas parler de ces im-
mobilités-là ; non, je n'en veux pas parler.
J'ai reconnu, dis-je, le grand artilleur d'hier ;
il y a, près de lui, un gros ouvrier en blouse
bleue. Le malheureux avait mal aux dents, il
a un bandeau sur la joue ; la tête contre terre,
une main sur ses yeux, on dirait qu'il dort ;
l'autre main a laissé échapper un revolver.
Le troisième, — c'était un chasseur fédéré, —
oh ! le troisième .... est chose horrible ! sa tête
crépue est décollée ; son bras, qui faisait un
signe, avait, rigide, conservé l'attitude de ce
geste. Un mouchoir a été jeté sur cette pauvre tête hérissée ; mais, à chaque instant, des
femmes du peuple le soulèvent. Ces femmes
du quartier — déjà toutes en noir — viennent reconnaître leurs hommes ; elles cher-
chent dans chaque tas leurs maris ou leurs
pères.....

Notre petit coin tout seul, — ai-je dit, —
est délivré dans le voisinage ; mais de nombreux combats sont engagés partout. Cette
nuit a été sanglante comme toutes les autres ;
il faut renoncer à reparler des mêmes choses,
car les mêmes mots nécessairement reviennent : canonnade, mitraillade, bombardement,

fusillade. Des incendies se propagent de tous côtés et se rejoignent. C'est horrible, mais d'une horreur superbe.

Aujourd'hui, les omnibus vont; ils vont même beaucoup, non pour les vivants, ils vont pour les morts. Les véhicules ne suffisent pas, barricade après barricade, pour tout ramasser. Aussi voit-on d'énormes fourgons de la compagnie funèbre, de grands brecks de chemin de fer. Des toiles sont jetées par-dessus, mais tout ballote, tout cahote, tout dépasse. Des individus, manches retroussées, bras rouges, arrivent avec des brancards, posent là-dessus les corps et jettent le tout dans les voitures. Quelle peine pour faire entrer tous ces membres roidis, largement étendus, inflexibles! Les empreintes de toutes ces formes restent visibles sur le sol, comme des peintures.....

« — Y a-t-il encore des cadavres à emporter? » — demande un de ces porte-faix aux bras rouges, conducteur-brancardier des lourdes voitures.

Un autre a pitié lui-même du métier qu'il fait; ses bras, ensanglantés jusqu'à l'épaule, lui font horreur.

« — Il n'y a donc pas de fontaines par ici? » s'écrie-t-il.

Oh! oui! ce ne sont pas des seaux d'eau, ce ne sont pas des tonnes d'eau, ce ne sont pas des fontaines qu'il faudrait dans les rues; avec ce soleil, il faudrait des rivières.....

Les chiffonniers venaient ensuite, crochetant les livrets perdus, les papiers tombés, les lettres éparpillées et gisantes, les débris de chaussettes, les morceaux de ceintures.

Des chirurgiens d'ambulance me racontaient durant le siége que ce qui, après le combat, caractérisait un champ de bataille, c'était la quantité extraordinaire de papiers et de lettres qu'on trouvait amoncelés : je me rappelais, ce matin, ce détail, en voyant dans la rue tous ces papiers par terre : la rue, en effet, a bien été un champ de bataille!

Un militaire à ses camarades :

« — C'étions bien des insurgés que j'avons tués; autrement pour lors quand j'on entrés, ils s'auraient rendus! »

On raconte que la rue Vavin a sauté, que le carrefour de la Croix-Rouge a sauté, que la rue Royale est en flammes, que la rue de Lille fume encore...

Et, durant ces auto-da-fé sauvages, des insurgés faisaient de la musique !

Un témoin de l'incendie de la rue Royale — bien près d'être une victime — a écrit ce qui suit. Il était enfermé au cercle du n° 1, qui lui a dû d'être préservé.

« Plusieurs d'entre eux (parmi ces fédérés) s'étaient retirés dans une pièce du fond, contiguë à la terrasse du cercle; le malheureux piano gémissait sous leurs doigts. L'un d'eux, cependant, était d'une certaine force et exécutait successivement des valses et des polkas que la bande, hommes et femmes, dansait avec grand renfort de contorsions et de quolibets. Pendant ce temps, la mitraillade et la fusillade ne cessaient pas. Les danseurs se plaignaient, disant qu'il était impossible d'aller en mesure avec un vacarme pareil. — »

Des bruits odieux circulent de nouveau dans notre petit coin de rive gauche. On affirme de nouveau que l'archevêque et d'autres ôtages ont été massacrés.

Voici la nuit; des patrouilles fouillent les rues.

« — Serrez les rangs ! arrêtez-les! arrêtez-les! feu ! feu ! »

Puis l'éclair d'un coup de fusil : des hommes tombent, blouses et tuniques, par terre. C'étaient des fédérés qui se sauvaient et avaient cru la place vide.

Il est neuf heures du soir.

Les obus pleuvent dans le quartier, chez nous. Des rougeurs de nouveaux incendies embrasent l'orient; c'est, du côté de la Bastille, le Grenier d'abondance qui brûle.....

Le Luxembourg est transformé en cour martiale : on entend les feux de pelotons.....

CINQUIÈME JOURNÉE.

Vendredi, 26.

On a oublié d'éteindre les deux pauvres uniques réverbères qui, toute cette nuit, ont veillé notre deuil et nos larmes : leurs pauvres lueurs blafardes, mortuaires sous le soleil naissant, n'ont étonné personne; on les a laissés vivre, ou plutôt expirer, comme ils ont voulu.

Quatre-vingts obus ont passé au-dessus de

la maison, et deux ont éclaté sur elle. J'ai cru être en mer, sous l'orage... Il était cinq heures du matin. Des voisines entrent chez moi, affolées.

Osera-t-on sortir? osera-t-on marcher? Où poser les pieds? Le double voisinage du Panthéon et du Luxembourg fait frémir. Il n'y a pas à s'y méprendre : ce que l'on voit, ces grandes plaques rouges, ces grandes mares, c'est du sang!

Un convoi d'insurgés, — une quarantaine, hommes et femmes, — défilent, enchaînés, tête basse, au milieu de soldats qui les conduisent au peloton d'exécution. Je prends en abomination une fille du peuple qui ose dire en souriant : *Je vais voir ça!*

Cette capture a été opérée dans des chantiers de démolition, dans des fossés, derrière des pierres. Après le spectacle épouvantable des barricades, je ne sache rien de lugubre comme ce cortége silencieux de prisonniers...

Oui, il faut sortir; il faut, regardant où l'on marche, aller faire des *reconnaissances,* s'informer des uns et des autres. J'ai ainsi traversé les dégâts de la poudrière du Luxembourg, tout cet emplacement d'ambulance où, il y a

si peu de jours encore, j'avais vu des blessés.
On les a évacués au Sénat; mais les débris
de toute sorte sont affreux : lits de fer tordus,
baraquements calcinés, on dirait une char-
bonnerie. Les arbres qui ne sont pas morts
sont mourants. Les petites maisons basses
d'alentour se sont effondrées; les plus hautes
ont les yeux crevés; plus une vitre aux fenêtres. On marche sur du verre pilé.

Midi. — Un grand coup de feu : j'imagine
que c'est un obus, les oreilles croient y être
faites! Des soldats prennent les armes et courent; j'étais derrière le Panthéon, rue de l'Es-
trapade. J'interroge un des militaires.

— *Non! c'est pas le bombardement! C'en est
un encore qu'on fusille! Ils l'ont pas volé!*

C'était le citoyen membre de la Commune
Millière, qui venait d'être exécuté sur les marches du Panthéon, à la même place où lui-
même, l'avant-veille, avait fait fusiller dix-huit
fédérés qui refusaient de se battre.

Et les sombres voitures d'hier emportent,
comme hier, leur sombre marchandise. Heureusement il pleut, il pleut même très-fort.
Un chef arabe, en brillant costume, chamarré

de décorations, vient, dans un coupé de maître, reconnaître à l'amphithéâtre de l'Ecole de droit un cadavre; une femme du monde en grand deuil l'accompagne.

Après le déménagement des corps, le déménagement des dépouilles. Aujourd'hui, l'on vient ramasser la ferraille : sabres, fusils, baïonnettes, pistolets, tronçons de toute espèce jetés et brisés en hâte dans la mêlée. Quant aux balles, cartouches, biscaïens, c'est un tel jonchement sur le sol qu'on en trouvera jusqu'à la fin de Paris, entre les pierres.....

Que va-t-il rester de la ville, la glorieuse ville, jadis si fière? On assure que des femmes — est-ce possible? — ont aidé à la destruction en versant partout du pétrole : c'est de l'huile sur le feu, c'est de la rage. Comme autrefois l'Ange exterminateur marquait d'une croix rouge les maisons condamnées, il y avait aussi, de tous côtés, dans Paris, des maisons désignées pour périr. On bouche avec du plâtre tous les soupiraux des caves, on garde et veille toutes les issues.

Mot d'un insurgé qui sortait de tuer son chef, lequel venait de se rendre, c'est-à-dire, selon lui, de trahir :

« — Et maintenant comment le cacher, comment *l'obscurcir ?* »

Cinquante francs, — le prix du sang, — étaient promis, affirme-t-on, à chaque fédéré qui, par passion patriotique, aurait tué de sa main un réfractaire.

Je répèterai éternellement la même chose : Est-ce possible ?

Et que promettait-on aux malheureuses qui, fanatisées par l'homme (la seule passion patriotique de la femme, presque toujours !), consentaient sur ses traces à faire, elles aussi!!! le coup de feu, et à incendier les maisons?

Les Tuileries, le ministère des finances, le Palais-Royal flambent encore. L'Hôtel-de-Ville n'est qu'une ruine. Sur son reste de squelette, fantôme de façade, l'inscription qui surmontait la grande porte du milieu, au-dessus de la statue équestre de Henti IV, a subsisté intacte avec ses grandes lettres d'or :

LIBERTÉ, ÉGALITÉ, FRATERNITÉ.

O songeurs! est-il une ironie plus forte ? La rive droite est aussi en partie délivrée.

L'armée a enlevé, en un tour de main, Montmartre. Les insurgés, de plus en plus repoussés, se refoulent sur les hauteurs des buttes Chaumont et de Belleville.

Ce soir, c'est l'immense entrepôt des docks de la Villette qui brûle et nous donne l'incomparable représentation du feu. Depuis mardi, c'est l'apothéose d'enfer qui termine, hélas! immanquablement, le dernier acte de chaque journée!

SIXIÈME JOURNÉE.

Samedi, 27.

De l'avenue Montaigne qui a peu souffert, Dieu soit loué! j'allais chaque jour par là rassurer tout un monde, je revenais tantôt avec un bouquet de roses toutes fraîches écloses au jardin. C'est aujourd'hui le 27 mai anniversaire de mon petit frère!); donc, c'est bien la saison des roses; c'est leur devoir d'embaumer et de s'épanouir à présent. Eh bien! tout le monde s'étonnait de mes roses : le frais bouquet faisait scandale. Il semblait qu'il manquàt de cœur et fût une indélicatesse. Il disait la fête du printemps; et, au milieu des ruines sombres où nous sommes, ces couleurs claires faisaient du mal.

J'aurais voulu cacher mes roses; et, pourtant, comme elles me sont chères! comme elles protestent de toute leur beauté contre l'horreur des choses présentes!

C'est que tout Paris a pris un aspect livide; le ciel lui-même, le ciel si magnifique des jours derniers s'est mis de la partie. Il pleut, le vent gémit; de lourds nuages voilent la cité; les arbres, les arbres bien-aimés eux-mêmes ont fait la guerre! La riche et uniforme verdure du printemps a pris des teintes d'automne; les branches qui ne sont pas tombées à terre, à travers le coup de foudre des canons et l'explosion des poudrières, sont brûlées, jaunies, desséchées, elles sont mortes! Cet effet inexprimable est douloureux aux Champs-Elysées, il est navrant au Luxembourg.....

— Pourquoi souriez-vous ? semblaient dire à mes roses les passants de la rue.

Nous sommes si tristes, nous ! Nous sommes tous en deuil et en larmes !

Les voici dans un vase, riches, éclatantes, orgueilleuses et confiantes comme la jeunesse qui sort victorieuse de toutes les épreuves et survit de toute sa plénitude de vie à toutes nos agonies, à toutes nos épouvantes !

Six heures. — Le canon tonne avec un fracas désespéré. J'ai cru ne pouvoir traverser les ponts. L'attaque et la riposte sont infernales. C'est Montmartre qui, de ses hauteurs souveraines, mitraille la Roquette et Belleville ; c'est la Roquette et Belleville qui répliquent à Montmartre.

L'impression que je vais essayer de rendre est d'une nature que je n'avais pas encore éprouvée. Il fallait toutes ces choses pour la connaître : c'est l'appréhension de marcher, l'oppression des découvertes qu'on peut faire, des nouvelles qu'on peut apprendre au milieu de tant d'incendies, de tant de chaos, de tant de ruines. Les amis qu'on vient voir existent-ils encore ? Les maisons où ils demeuraient sont-elles encore debout ? On commence par aller à la recherche de ces maisons. On se dit : J'irai par là, je passerai devant, et, selon la figure qu'elles auront encore, j'oserai ou je n'oserai pas entrer. Et l'on va à travers les décombres, on franchit des poutres fumantes, on pose le pied sur des tessons de verre, et l'on demande à toutes ces choses mortes : Y a-t-il encore des vivants par ici ?

J'ai dû repasser devant le cadavre oublié d'un pauvre cheval qui, avec le canon qu'il traînait, est roulé, sur notre boulevard, dans le fossé profond d'une barricade, et y est resté par-dessus d'autres tas humains qui, eux aussi, y gisent encore. On ne peut pas tout faire. De tous côtés ce sont, dans la boue, des amoncellements d'uniformes. La bataille, éteinte sur un point, reprend sur d'autres. L'enlèvement complet de ces tumulus de vêtements et d'armes n'aura lieu qu'après l'entière victoire.

La victoire ! oui, la victoire ! d'autant plus méritante qu'elle aura été plus douloureuse, qu'elle est plus meurtrière ! Que de pauvres soldats croyaient rentrer dans leur famille et sont là, massacrés !

Aussi la folie sur tous les tons a-t-elle repris de plus belle. Chacun se suspecte, chacun s'espionne. Les brassards tricolores refleurissent ; ce sont des arrestations insensées. Le mot de pétrole est dans toutes les bouches ; j'entends un millier de récits sur des seaux, des pompes incendiaires, des pinceaux et des tonnes. Et puis, il y a le désespoir expansif de celles qui attendent et..... ne voient rien venir ! Une femme du peuple me supplie en pleurant d'écouter son chagrin :

« — Ah ! madame ! si vous saviez ! voilà quatre jours qu'il n'est pas revenu ! Et quel honnête homme ! Il y a bien des innocents dans tout ça, oh ! oui, allez ! On l'a pris sur sa porte.... On a fusillé, vous savez ? le *phormacien* d'à côté qui n'a pas voulu livrer son pétrole. Sa boutique a été cassée. C'étaient des enragés, voyez-vous ! Ils vous disaient en ricanant : Eh bien ! quoi ! on va mett' le feu chez vous ! Allez-vous-en ! vous avez cinq minutes ! »

Quand on n'a, soi, échappé qu'à grand'peine au désastre, on se représente facilement l'angoisse de ces malheureux, chassés des maisons en flammes, et y laissant plus que leurs vieux meubles, y abandonnant leurs reliques de pauvres : leurs souvenirs !

J'ai donc franchi les voies incendiées : on touche cela, on n'y croit pas! C'est un tel cataclysme! le sens de ces fureurs échappe. La place de la Concorde est bouleversée; les lampadaires, les candélabres gisent renversés et brisés; les nymphes des fontaines ont les seins déchirés; leurs bras sont n'importe où. Les statues sont affreusement mutilées. Que n'ont-elles gardé sur leurs yeux de pierre le bandeau de crêpe que le patriotisme parisien y avait attaché le jour de l'occupation prussienne? La pauvre ville de Strasbourg, objet pendant le siége de tant de manifestations et de pèlerinages, a été la plus maltraitée; la pauvre ville héroïque est criblée de blessures...

Le onzième arrondissement tient encore; c'est au Père-Lachaise que s'est acculée l'émeute : de là le bombardement sur nos têtes. Dombrowski a été tué, paraît-il, dans le cimetière. Au moins, celui-là n'a pas, comme tant d'autres, délaissé les siens. Chef d'insurgés, il est mort en soldat insurgé. La place de la

Bastille n'est pas encore dégagée. Je distingue dans cette direction des redoublements d'incendies ; c'est la rue de la Roquette qui saute.

Et les ôtages ? L'affreuse nouvelle est-elle certaine ? L'archevêque et l'abbé Deguerry massacrés, le président Bonjean massacré, Gustave Chaudey massacré, et tant d'autres !!!

SEPTIÈME ET DERNIÈRE JOURNÉE.

Dimanche, 28 mai. — Pentecôte.

Cette nuit, grande alerte dans la maison. Des soldats, qui poursuivaient une femme fédérée, avaient cru lui voir franchir notre porte, s'y réfugier et s'y cacher. Ils firent ouvrir ; il n'y avait rien, ni personne.

Le vent soufflait en foudre ; une pluie de tempête fouettait les vitres, on eût dit les houles de l'Océan. Le canon de Montmartre terrible, vertigineux, frappait les hauteurs de Belleville et Ménilmontant. Les insurgés répliquaient avec rage, à tort et à travers, lançant sur Paris un déluge d'obus. Cette résistance suprème résume l'effort désespéré de l'émeute : trente mille hommes sont, dit-on, cernés sur ce point de Paris. Ils y ont accumulé des barricades formidables, géantes, véritables forteresses à peu près imprenables autrement que par la mine. On les fera sauter, s'il le faut. L'ordre est donné de ne reculer devant rien. Ils se sont ménagé, de rempart en rempart, des escaliers intérieurs qui communiquent de l'un à l'autre, et, de bas en haut, de haut en bas, servent pour la défense ou pour la fuite.

Il paraît que cette improvisation de maçonnerie est d'une habileté surprenante. Ceux qui sont là périront tous ; ils y sont résolus : selon leurs conventions dernières, aucun ne doit se rendre.

On me rapporte à ce propos un fait étrange, absolument authentique. A cette heure dernière où toute l'émeute — hormis ce point — était écrasée, où toute résistance était folle, les Bellevillois, non convaincus encore, détachèrent un parlementaire, lequel, s'avançant vers les Versaillais, leur dit : « *Rendez-vous !!!* »

En attendant, ce que ne faisait pas le chassepot, où ne suffisait plus le canon, la mitrailleuse faisait son œuvre. Jusqu'à deux heures, le bruit combiné de l'attaque et de la défense a été acharné, le crépitement de la fusillade dominait l'effrayant concert, ponctué de sifflements d'obus. Puis, peu à peu, le bruit se ralentit, le canon respire, voici des intervalles de silence ; le combat s'éloigne, il s'apaise ; plus rien, on n'entend plus rien !

Sont-ils tous morts ?

C'est dimanche, il est vrai, le jour où l'ouvrier fatigué s'arrête ; cette semaine, l'unique ouvrier, ça été la mort ! La mort a été le travailleur sinistre. La mort, toujours la mort ! La rude besogne est-elle achevée ? L'enfer a-t-il fini son œuvre ? Satan lui-même fête-t-il le dimanche ?

On n'entend plus rien. Sont-ils tous morts ?

Il est quatre heures.

Ce sont les artilleurs qui ont enlevé cette position épouvantable.

Soir. — Pour la première fois depuis tant de semaines et tant de jours, plus de canon ! Ce silence inaccoutumé repose. Plus de canon ! plus de bombardement ! plus de mitraille ! plus de fusillade ! O bienheureux si-

lence ! silence de paix, silence de mort, veux-
je dire ! Hélas ! comme tu nous fais du bien,
pourtant ! comme tu nous renouvelles, comme
tu nous changes !

Ainsi, nous devions sauter ! On sait déjà le
sort de certains quartiers, trop nombreux, hélas ! dans Paris. Nos beaux monuments ne
sont plus. Le Louvre a failli brûler !!!. Notre
Panthéon n'a échappé au pire destin que par
un miracle de l'armée. Si tout le voisinage
de l'Institut — selon le plan infernal des fédérés
d'alentour — n'a pas péri, cherchez..... vous
trouverez peut-être ..... non loin de là, qui
sait ? une influence voilée, courageuse et
charmante. L'idylle se mêle quelquefois à la
tragédie, n'est-ce pas, messieurs les Vengeurs
de Flourens, messieurs les Enfant-Perdus,
messieurs les Fédérés de la Mort ?

Je n'entends rien aux choses de la guerre ;
mais, par ce que j'ai vu, par ce que j'ai entendu, par le spectacle jour à jour de cette
semaine dramatique, la prise de Paris, triomphe de l'armée de Versailles, me semble une
manœuvre admirable. Il est impossible d'a-
voir mieux préparé une action décisive, de
l'avoir mieux menée et plus sûrement au but,

au travers de difficultés gigantesques. Le mouvement tournant qui a enveloppé et enfermé toute la ville doit représenter un chef-d'œuvre de stratégie.

Et les ôtages ?

Je lis dans un journal du soir :

« Aujourd'hui dimanche, à sept heures du « matin, un régiment de la ligne a ouvert « la Roquette et mis en liberté les prison-« niers détenus.

« Partis ce matin :

« M. l'abbé Bayle, vicaire général promo-« teur ;

« M. Mauléon, curé de Saint-Séverin ;

« M. Lamazou, vicaire à la Madeleine ;

« M. Bucuès, professeur au séminaire de « Saint-Sulpice ;

« Père Bazin, Compagnie de Jésus.

« D'après ces messieurs, auraient été fu-« sillés dans la prison, — le 24 :

« S. G. l'archevêque ;

« M. Deguerry ;

« M. Bonjean, premier président ;

« Père Ducoudray, supérieur de l'école « Sainte-Geneviève.

« Le 26 : Père Olivain, Compagnie de
Jésus;

   « Père de Bougy,   *id.;*

   « Père Caubert,   *id.,*

« et d'autres, dont le chiffre s'élève à dix-
« huit prêtres. »

A deux heures et demie, a passé sur le
boulevard une colonne de six mille prisonniers qui viennent de se rendre à Belleville,
cernés et privés de munitions.

Lundi 29 mai. — .... J'ai bien lu, oui, j'ai
bien lu cela hier soir. Parmi les ôtages délivrés, on cite nominativement :

M. l'abbé Bayle ;

M. Mauléon.....

Les journaux du matin répètent la même
chose : « *M. Mauléon, curé de Saint-Séverin....* »
Alors, Dieu soit loué! cela peut être vrai.

Je n'y pouvais rien, ni moi, ni personne,
le 20 mai, quand je suis allée me faire insulter au Comité de Salut public et quand
j'ai ensuite été trouver Delescluze. A cette

limite d'extrême fureur, la promesse elle-
même du dictateur attendri ne pouvait pas
non plus signifier quelque chose. Les flots
déchaînés étaient plus forts que lui, et d'ailleurs il s'est fait tuer tout de suite, sur une
barricade. Un miracle tout seul pouvait ré-
compenser ma démarche inutile. Si ce miracle a été fait, je sentirai toute ma vie la
douceur de cette bénédiction divine. Mais
je veux en être sûre; je fais porter une lettre à mon voisin M. l'abbé, je le prie instamment d'aller aux sources; je veux au plus
tôt des nouvelles.

Voici sa réponse :

« Madame,

« Je m'empresse de vous dire que j'ai été
« voir M. le curé de Saint-Séverin, votre
« heureux protégé. C'est hier qu'il a échappé
« comme par miracle aux mains des canni-
« bales. Il est comme un revenant de l'autre
« monde, pâle, défiguré, décharné; il a perdu
« presque la vue. Il m'a embrassé, me di-
« sant : « Je ne m'appartiens plus; je ne dois

« plus vivre que pour Dieu et pour le sa-
« lut des âmes..... »

Je le répète : ma démarche était inutile,
mais le miracle a eu lieu. Je sentirai toute
ma vie la douceur de cette bénédiction
divine.

Boutade racontée par un officier qui a
coopéré à l'entrée de Paris :

« Un capitaine et ses hommes devaient
occuper une maison importante, sorte de
monument public. On allait enfoncer les
grilles, naturellement. Illuminé d'une idée
subite, le jeune chef dit à sa troupe : *Si
nous sonnions à la porte ! peut-être qu'on nous
ouvrirait !*

« On sonna à la porte, un domestique
vint en effet ouvrir. Ce procédé si simple
sauva l'immeuble, et la prise de possession
ne souffrit pas d'entrave. »

Lundi soir. — Ai-je besoin de dire que ces

férocités : incendies, massacres d'ôtages, destruction de Paris, barbarie sans précédents d'aucun genre dans l'histoire, vont pour moi jusqu'à l'imcompréhensible, jusqu'à l'invraisemblable? La pitié que l'on me reproche si étrangement d'avoir pour des pauvres, pour des égarés, pour des ignorants, pour des sots, n'a rien à faire avec des criminels, avec des incendiaires, avec des assassins qui me font plus qu'horreur, qui me pétrifient dans mon raisonnement et mon intelligence. Ces êtres fauves, sauvages, furieux, exécutant avec préméditation le meurtre entier d'une ville, n'appartiennent que de forme à l'humaine espèce : ce sont des monstres dont il faut établir la classification en zoologie; ce ne sont pas des hommes.

A certaines époques troublées la lie des bas-fonds remuée par des commotions violentes — cataclysmes de l'humanité — remonte à la surface et engendre l'ivresse effrénée du crime. Il semble même — à y regarder de près — qu'il y ait une sorte de régularité déterminée et périodique dans le retour et le déchaînement de ces explosions, produits de fermentations incessantes.

Dans notre pauvre pays volcanique, travaillé de passions irréconciliables, la crise se prépare vingt, trente ans ; mais l'apparence de calme ne dépasse guère cette période d'années. Une révolution est imminente, une révolution est certaine chez nous à peu près trois fois en un siècle. La guerre continuelle des esprits amène immanquablement, fatalement la guerre des rues.

Ce que nous proposons donc pour ce grand malade, pour ce malheureux Paris qui m'est cher, c'est, après cette fièvre chaude, c'est, après cette saignée terrible, un système d'hygiène, une sorte de médication morale continue qui essaie de prévenir de nouveaux accès de folie. La surexcitation ardente de notre littérature, de notre politique, de nos assemblées doit s'atténuer et s'assainir. La simple raison humaine, le commun bon sens doivent prendre avec tranquillité la direction importante du pays. Le pays souffre, il succombe, gardez-vous de le rudoyer, gardez-vous, au moins autant, de l'épouvanter et de le désespérer en lui proposant — tout de suite — avant la convalescence, de trop difficiles mesures.

C'est pas à pas qu'un malade se remet à marcher; c'est bouchée à bouchée, c'est goutte à goutte qu'il reprend le pain et le breuvage de vie. Le tremblement de terre a été effrayant; aidons tout le monde à rebâtir sa hutte ou sa maison. Trop d'exécutions précipitées ont été faites! C'était inévitable. La colère aveugle tout le monde : les justes, aussi bien que les coupables! Après avoir tant vu mourir, faisons l'effort, ayons la volonté et donnons-nous réciproquement l'exemple et le courage de vivre, d'agir, de croire et d'espérer.....

« A l'action ! à l'action ! Iago meurt sur la place ! »

Lundi soir, 29 mai. — ... Et maintenant que nous ne sommes pas morts, nous nous accusons les uns les autres. C'est le moment de panser nos plaies, mais la raison n'a rien à voir dans nos affaires, nous envenimons encore nos blessures. Le navire ayant sombré sous l'orage ne s'en prend pas aux flots colères, aux vents funestes, à l'inclémence et à la rigueur des cieux, il s'en prend aux matelots du bord, voire même à l'inoffensif équipage.

Mardi, 30 mai. — Ce qu'il y a de rassurant dans les plus grandes combinaisons humaines, c'est la certitude de sottises qui ne peuvent manquer, à un moment donné, de faire échouer les plans les plus formidables. Vous aurez, contre tels ou tels maraudeurs, fermé avec soin telle ou telle fissure invisible, mais vous n'aurez pas manqué d'oublier quelque ouverture bien large et bien commode : vous aurez négligé de fermer la porte principale. Oui, l'on peut toujours compter — Dieu soit loué ! — sur l'incurie ou la bêtise humaines.

Aux derniers jours de la Commune, l'on ne pouvait aller à Saint-Denis, seul passage permis, passage prussien, qu'après une visite préalable, une fouille dans les sacs ou les poches : de femmes pour les femmes, d'hommes pour les hommes. Cette vexation avait pour objet d'empêcher qu'on emportât de Paris des lettres pour la province. Mais, ô aigles de la Commune, ô prévoyants et admirables fouilleurs, mes amis ! on n'allait à Saint-Denis que pour y écrire ses lettres. Point n'était besoin de les emporter de Paris. Et l'on répondait ainsi, séance tenante, aux lettres qu'on venait chercher. Au bureau de poste même, sur des tables en plein air toutes préparées d'avance, vous trouviez --- qui vous attendaient — plumes, papier, encre, enveloppes, cire et pains à cacheter ; voire même des cachets avec initiales, sans compter des timbres de toutes les couleurs.....

Les profonds politiques qui prétendaient dérober aux yeux tous les préparatifs et tous les travaux de défense, exécutés à *huis-clos* place de la Concorde ! ne comptaient pas avec les innombrables badauds qui n'ont rien à faire que de venir voir ; ils ne songeaient pas un instant qu'il était aussi facile de venir de Versailles à Paris que d'aller de Paris à Versailles, et que tous les secrets du monde sont secrets de Polichinelle, dès qu'un individu pourvu de deux yeux veut bien prendre la peine de regarder ce qu'il voit.

Espions ! espions ! disait-on tout le temps

de cette atroce guerre, quand on ne disait pas : Trahison ! trahison !

Hommes à barbe grise, mes contemporains, vous serez jusqu'à la mort inclusivement des enfants et des étourneaux. Quand vous aurez bien préparé une lanterne, vous ne vous apercevrez pas que vous n'avez oublié qu'une chose : de l'allumer. On ne pouvait pas franchir, certes, on ne pouvait pas enjamber la célèbre barricade Saint-Florentin-Rivoli, mais rien n'empêchait de tourner derrière. Les remparts, ici et là, étaient défendus, mais ils laissaient couler la rivière, on pouvait passer sous les ponts : témoin ce filet d'eau nommé la Bièvre, qui rendit si grandement service à l'armée. Sans compter, sans compter, ô soldats terribles ! qu'il y a toujours un moment où l'on dort, où l'on mange, où l'on joue au bouchon, où l'on oublie qu'il ne faut rien oublier, où l'on s'affirme tranquillement, en ne prenant plus garde à rien, qu'on est tout-à-fait imprenable.....

Vendredi, 2 juin. — Sentiment de la province, tandis que nous nous débattions dans l'agonie :

« *Quand donc les Parisiens auront-ils fini, pour que les Prussiens s'en aillent ?* »

Du particulier au général, tous de même, les hommes, nos prétendus frères : on sent sa peine ; on nie, on raille celle des autres. *Ces Parisiens sont incorrigibles!*

La province avait en abomination, — comme une sujette envieuse et jalouse, — la ville élégante et charmante, ce cher Paris si magnifique ! Cette haine à présent est devenue de la passion, de la colère et du délire ; c'est le mépris, et c'est la rage ! Sa chute a ébranlé le sol de toute la France, ses terribles combats ont réveillé les plus endormis.....

— Bien fait ! bien joué, ô vile Babylone ! ce n'est pas notre argent, notre honnète argent de sous-préfecture qui ira raccommoder tes fiers monuments !

Oui ! mais on veut voir ! L'incendie des Tuileries, de l'ex-Préfecture, de l'Hôtel-de-Ville a monté toutes les têtes. On ne peut pas l'avouer : quel scandale ! Alors.......
on s'est insinué parmi les pompiers, ces

vrais héros sans rancune et sans peur !

Moi qui vous parle, j'ai eu l'indicible amusement de reconnaître, sous des casques invraisemblables, des rentiers pacifiques, lesquels, jusqu'ici, n'avaient vu de feu que la flambée de leur poêle, et d'eau que l'étang où ils pèchent à la ligne. Ce sont des fonctionnaires importants — au village — et qui en auront pour toute leur vie à raconter leurs impressions, entre la partie de piquet de M. le curé et la partie de billard de M. le maire.

Et les incendies brûlent encore ; des flammes livides jaillissent, non maîtrisées encore, des foyers embrasés, et les vrais pompiers sont admirables dans leur œuvre de sauvetage et de péril ; leur casque de cuivre, à travers ce feu, ces fumées, ces ruines, dans cette gymnastique aérienne de décombres, fait passer devant les yeux des éclairs de visions : ainsi pensais-je, ce matin, en traversant le carrefour incandescent de la Croix-Rouge.

Soir du même jour. — De ce que, ne pouvant coucher tout-à-fait à la belle étoile, nous avons pour la plupart remis quelques vitres aux fenêtres; de ce que quelques-unes de nos maisons, — quoique écorchées de balles et trouées de mitraille, — ne sont pas tout-à-fait par terre et permettent encore de monter l'escalier, les francs-fuyeurs, les gens raisonnables et raisonneurs qui reviennent de Versailles ou d'ailleurs tremblants encore, mais reposés et impatients de voir la ville incendiée, ces chers *prudents* nous disent : Nous le pensions bien, les Parisiens exagèrent ; l'imagination, chez vous autres, s'est mise de la partie ; vous avez cru souffrir, mais vous n'avez pas souffert ce que vous dites ; vous avez encore des assiettes et des verres. Tout devait sauter, disait-on, Paris tout entier devait flamber; et..... en définitive, très-peu de chose a sauté, presque rien; on a surfait le désastre, beaucoup de vos maisons sont debout.....

Rien n'a sauté!

Que répondre à ces choses d'un pyramidal égoïsme? Feue la colonne Vendôme n'était pas aussi gigantesque!

Samedi, 3 juin. — Revenus les vélocipè-des! Paris oubliera, Paris pourra oublier!

Ce matin j'ai pris par les rues pour aller avenue Montaigne, et, traversant les ponts, j'ai contourné l'Hôtel-de-Ville. Quelle ruine magnifique! Oserai-je le dire? j'aime les ruines. Ces belles fenêtres à jour, en plein ciel, ces splendides arcades aériennes où tant de mystères avec tant de vent inconnu doivent aimer à passer le soir; ces portes sans chambres, fantastiques; ces escaliers vertigineux, insensés, sans raison d'être, suspendus dans le vide, sans issue que l'espace; ces statues par hasard préservées, ces aspects visionnaires que présentent ces grands restes, sont tout simplement du rêve et saisissent fortement l'imagination la plus froide.

Après l'Hôtel-de-Ville, ce qui impressionne presque autant, c'est l'effet grandiose des arcades superposées et seules restées debout de l'ex-ministère des Finances; cela fait songer aux grandes ruines romaines, au Colisée; et je comprends que des artistes dessinent avidement ces fantômes superbes. De l'autre côté de l'eau, l'ex-Cour des Comptes présente, elle aussi, un imposant spectacle. Que ne laisse-t-on, dans leur majesté désolée, tout ce mélancolique reste de choses !

J'ai acheté, devant l'Hôtel-de-Ville, une de ces chansons populaires, illustrées d'images, qui surgissent comme par enchantement des pavés de Paris, chaque fois que ces pavés deviennent des barricades. Progrès absent, succès fidèle. Celle-ci s'appelle les *Pétroleuses*.

(Air de la Lionne ou Pauvre Paris.)

Lorsqu'ils viendront visiter le vieux Louvre,
Les étrangers verront avec horreur
Ces faits hideux que l'univers réprouve,
Qui marqueront le temps de la terreur.
Le monde entier aura peine à le croire.
Paris devait s'écrouler, c'est certain,
Car la Commune, aujourd'hui c'est notoire,
Aux pétroleuses avait fait le chemin !
. . . .

Pour le peuple tout est chanson, ou tout est spectacle. Comme elle va à la Morgue, la foule va aller à l'Archevêché voir, sur son lit de parade, notre malheureux Archevêque : ces émotions épouvantables ne lui font point horreur.

Lundi, 5 juin. — Quand le pauvre Paris reprendra-t-il sa physionomie symphatique? Les morts sont charriés, les défroques sont encore éparses. La place du Prince-Eugène en est encombrée; la lutte ici a été chaude. Le gouvernement de la Commune avec toutes ses forces insurgées s'était transporté à cette mairie du onzième arrondissement. C'est de là qu'ont fui ceux qui n'ont pas été tués. La rue de la Roquette est funèbre à monter : à jamais plane sur elle l'affreux supplice des ôtages. Le cœur se serre en passant devant la prison lugubre, dernière étape des condamnés. Des milliers de prisonniers s'y succèdent : des femmes sont là, sauvagement infatigables, épiant et de nuit et de jour le rapide passage d'un des leurs. Les vieilles s'asseyent par terre, dans la boue. Des soldats les maintiennent; puis, compatissants à tant d'angoisses, ils s'offrent d'eux-mêmes à faire passer des billets et des provisions. Humanité complexe! hier on se tue, demain on s'entr'aide! Les moralistes ne peuvent dans les livres établir de grandes lignes qu'après une infinie appréciation de nuances prises dans la vie.....

Mardi, 6 juin. — AU RETOUR D'UNE COURSE D'AUTEUIL. — Les curieux de profession, ceux pour qui toute catastrophe n'est qu'un spectacle et qui courent avidement à toute représentation nouvelle, n'ont pas beaucoup à se déranger en cet épouvantable écroulement où nous sommes. De quelque côté qu'on se tourne, ruine, deuil, trace de bataille, terre fraîchement remuée, — silencieux indice de la mort, — renflement de pavés non encore rentrés dans le calme. Les maisons de Paris qui ne sont pas brûlées ont toutes reçu des blessures. Toutes les maisons de Paris, à très-peu d'exceptions près (quartier privilégié de la Chaussée-d'Antin, de la rue Laffitte, du Nouvel Opéra et du centre) ont été d'une façon quelconque atteintes et maltraitées. Les vitriers ne suffisent pas au raccommodage des fenêtres; nous devons, presque tout le monde, dormir encore quelque temps en plein air. Les bienheureux de qui la rue n'a pas été un champ de bataille (je n'ai pas eu, hélas! ce bonheur!) ont été ou incendiés ou bombardés, sans compter la surprise d'explosion de maintes poudrières qui secouent un quartier comme un navire sous l'orage.

Oui, je le répète, curieux, indifférents, étrangers, provinciaux, promeneurs, touristes qui allez venir en partie de plaisir, votre lorgnette en bandoulière, visiter les décombres de notre pauvre Paris, vous n'aurez que l'embarras du choix. De la place de la Concorde à la place de l'Hôtel-de-Ville, en comprenant dans votre itinéraire la rue Royale et la place Vendôme, vous aurez — en ce seul parcours du ministère de la Marine à la caserne Napoléon — toutes les émotions et tous les aspects de ruines : Tuileries, ministère des Finances, ministère d'État, Palais-Royal, ex-Préfecture de la Seine, voilà des décors superbes! L'imagination ne saurait se les représenter, il faut voir ces horreurs.

Vos affaires sont-elles de l'autre côté de l'eau, sur la rive gauche de la Seine? Je vous recommande le bout de la rue du Bac, traversé par la rue de Lille, aboutissant au quai, et je n'ai pas besoin de vous signaler les magnifiques squelettes du palais de la Cour des Comptes, de la Légion-d'Honneur, etc., etc. Ces fantômes d'arcades, grandis encore par l'immensité du vide en plein ciel, sont d'un effet babylonien. Je ne suffirais pas à la nomenclature, Paris n'a plus rien à envier à Rome. Il lui manquait cette consécration suprême d'une infortune sans rivale dans les siècles. Paris mitraillé, incendié, bombardé, Paris dans le sang et la flamme a eu les honneurs d'un bûcher sans précédent au monde. N'insultez plus la cité-reine! Il fallait voir, comme je l'ai vu, du haut de ma maison vacillante, l'embrasement incomparable de la ville condamnée. Aucune description n'en donne l'idée. Les Tuileries, l'ex-Préfecture de police et le Palais de Justice, l'Hôtel-de-Ville, trois brasiers incomparables remplissaient la moitié du ciel. A travers les flammes rouges, passait l'éclair sec, rapide, phosphorescent du canon, et les papiers de l'ex-Préfecture de la Seine s'élevaient et voltigeaient transparents dans l'air, caractères de feu qui, lumineux dans l'espace et en relief au-delà de toute expression, subitement étaient cendres et anéantissaient notre histoire.

Ce déchaînement inouï de fureur humaine était bien l'enfer : les sifflements d'obus, le roulement des canons, le grincement des mitrailleuses, le crépitement des fusillades étaient l'orchestre fantastique, méphistophélique de cette mise en scène, la plus tragique, mais la plus splendide, la plus invraisemblable qu'il soit donné à des regards humains de contempler.

Non, — je ne cesserai de le redire, — ceux qui n'ont pas, de leurs yeux effarés mais fascinés, vu par eux-mêmes ce magnifique panorama de feu, ne pourront, par aucun récit, s'en faire même une pâle idée.....

Mais redescendons de ces hauteurs vertigineuses. En quelque lieu, je le répète, où vous portiez vos pas dispos ou fatigués, le spectacle sévère est là, une ruine s'effondre, quelque champ de bataille atteste une lutte visible et retrouvable encore ; les traces de mitraille sont saignantes et béantes de toutes parts.....

Ici, les vitraux d'église ne sont plus que de la guipure ; là-bas les arbres ont été arrachés, troués de balles, noircis de poudre, brûlés, renversés. Les pauvres chers arbres du printemps, qui ont survécu à tant de fureur, sont jaunes, roux, dépouillés comme des arbres d'automne.

La ville des morts n'a pas été plus épargnée que la cité des vivants. Le Père Lachaise, refuge suprême des fédérés, porte tragiquement de rudes cicatrices. Çà et là, quelque balle égarée, — ceci est plus mélancolique encore, — a frappé quelque tombe lointaine. Ces marques du dernier combat, vestige des dernières résistances, du réciproque acharnement désespéré de tous mettent au comble la songerie funèbre..... Et, de place en place, des monceaux de défroques et d'armes souillées, déchirées et brisées : tronçons de fusils, fourreaux de baïonnettes, morceaux de ceintures, képis roulés à terre, uniformes entassés, débris lamentables de toutes sortes, depuis les chaussettes gluantes de sang jusqu'à la vareuse criblée de balles, papiers et lettres, livrets tombés des poches, tout cela est sinistre, tout cela, — pour qui le veut, — peut se voir et se toucher encore.....

Hélas! comme il s'est resserré, comme il s'est rétréci, le cercle de bataille! Comme la guerre est venue jusqu'à nous! Ce devait être la Prusse, ce fut la France; ce fut Forbach, ce fut Reischoffen, ce fut Wissembourg, ce fut Sedan, ce fut Mézières. Bientôt ce fut presque toute la province, approchant, toujours approchant de Paris. Le flot montait, montait toujours. Ce fut Champigny, le Bourget, le plateau d'Avron, Buzenval; et puis, et puis..... ce furent les forts; et puis..... et puis, ce furent les remparts; et puis..... et puis, ce fut Paris, le Paris des rues, des boulevards, des quais, des maisons, le cœur de la France dévoré par elle-même !

Des barricades hérissèrent toutes les voies, et toute barricade devint un champ de bataille. Tout ce qu'ont jamais pu décrire, représenter, dépeindre l'histoire et les livres, nous l'avons eu sous nos yeux, à nos pieds, nous l'avons vu de nos fenêtres. Nous avons eu à tous nos étages l'ébranlement du canon, l'odeur de la poudre, la vapeur du sang, le gémissement des blessés, l'affreux silence des morts.

. . . .

Mercredi, 7 juin. — EXTRAIT DU *Petit Moniteur :* — « Qui le croirait? une foire se tient en ce moment à Belleville, sur les boulevards extérieurs. Le trombone enroué fait entendre sa voix rauque là même où, il y a huit jours à peine, sifflaient les obus et les balles, et les saltimbanques étalent leurs triviales gaietés aux endroits où paradaient naguère les queues rouges de l'insurrection. »

Je lis plus loin :

« Près de certains égouts, notamment dans celui de la Bièvre, rue Geoffroy-Saint-Hilaire, des factionnaires stationnent toujours devant les bouches ouvertes; on craint que certains individus, compromis dans les dernières affaires, restent cachés dans ce dédale de cent trente-cinq lieues de parcours et où l'on peut leur faire passer des vivres. On assure qu'il y en a de réfugiés dans les catacombes dont les galeries sont en communication avec certaines caves du faubourg Saint-Jacques..... »

Et les chefs?

Enfuis, comme toujours; comme toujours poussant devant eux le troupeau imbécile et l'abandonnant aux représailles du vainqueur! Opinion d'un fédéré, échappé comme par miracle aux lâchetés des uns, aux colères des autres :

« Je ne suis qu'un garde *nationau* », disait-il, « mais j'ai de l'honneur. Pour les chefs, ce sont des traîtres. *Les rois ne feraient pas pire!* »

Le 23 mai au soir, tandis que l'incendie de l'Hôtel-de-Ville s'allumait par son ordre, le commandant de la place, Pindy, fit monter de malheureux enfants jusque dans le clocher pour s'assurer que l'armée ne tirait pas dans cette direction. Quand ils redescendirent, il n'y avait plus personne : les flammes enveloppaient déjà le palais, l'Hôtel-de-Ville allait sauter !

Même jour, mercredi, 7 juin. — FUNÉRAILLES DE MONSEIGNEUR L'ARCHEVÊQUE. — Hélas! que j'en ai vu mourir, des archevêques!

Oui, que j'en ai vu mourir! et pourtant je n'ai pas cent ans, je ne suis pas une vieille à cheveux blancs! Oui, que j'en ai vu mourir!

Que de fois j'ai vu — avec destination pareille — passer le beau char tout décoré, revêtu d'argent, aux roues blanches, aux superbes panaches, aux six chevaux caparaçonnés et illustrés de palmes et d'étoiles ! L'écusson seul est modifié. Une lettre glisse à la place d'une autre, initiale du nouveau défunt : c'est tout !

Je me rappelle avec une grande précision la figure de Monseigneur Affre. C'est de son temps que j'ai fait ma première communion, et c'est lui qui m'a confirmée. Cette figure toute frêle, toute pâle, fortement expressive ce jour de grande cérémonie (Saint-Germain-l'Auxerrois), était restée dans ma mémoire, et aussi sa toute petite main dépassant de longues dentelles.

Plus tard, peu d'années après, je devais le retrouver île Saint-Louis, sur son lit de parade, martyr de Juin 1848 : date sinistre, moins douloureuse, hélas ! que la crise cruelle d'où nous sortons à peine. Je reverrai toujours cette face de mort — très-blanche — transparente, effilée, d'un beau calme sous les lueurs de cierges qui l'entouraient et l'illuminaient. J'étais avec mon père. Nous avions traversé le jardin de l'Archevêché fleuri, embaumé, magnifique, le soleil étoilait les rosaces de la chapelle ; des officiers, tout en or, venaient devant l'estrade faire parader leurs épées

brillantes : l'impression était douce, atten-
drissante, non farouche et lugubre.

Ensuite, ce fut le tour de monseigneur
Sibour, assassiné à Sainte-Geneviève. Je ne
comprenais pas beaucoup ce fait horrible,
même à présent la folie du crime n'a pu encore se faire vraisemblable dans mon cerveau.
Mais je vis le cortége, ce même char — naturellement — qu'aujourd'hui. Il y avait un
S au lieu d'un *D,* voilà l'unique différence.
Et puis, à ce cortége, il y eut de la musique.

Aujourd'hui, pour que la solennité fût
plus émouvante, plus grandiose, plus religieuse encore, l'on n'a entendu aucun roulement de tambours, aucune marche funébre.
Ce complet silence, rhythmé seulement du pas
régulier des soldats, des chevaux, du grondement sourd des caissons d'artillerie, cette
physionomie de convoi sous un ciel gris, le
long des quais, en face de ruines fumantes
encore, entre des haies de spectateurs recueil-
lis et sévères, offrait un grand aspect de deuil
incomparable. Je ne citerai pas les illustrations présentes, les journaux en seront chargés; mais je ne puis passer sous silence

l'étrange vision qu'offrit à tous les yeux l'attitude fantastique d'une femme aux traits invisibles, trois ou quatre fois enveloppée de crêpe, toute seule et toute mystérieuse derrière le dernier cheval de la dernière escorte de cuirassiers, qui terminait le long et noir cortége.

Quelle était cette énigme?

A l'imitation d'un célèbre roman anglais contemporain, on eut pu appeler cette femme, non « *la Femme en blanc* », mais « *la Femme en noir.* »

— « Une étrangère! » disaient les uns; « Une folle », répliquaient les autres, ceux qui ne disaient pas : « Une excentrique! »

Pour moi, en ce temps gros de trouble, de haine, de vengeance, de représailles, où la poudre se respire encore dans l'air passionné et enflammé, je ne pouvais m'empêcher de craindre un projet mauvais. Qui sait? quelque rêve homicide de tentative coupable sur un des nombreux officiers généraux qui allaient se masser dans l'église.

Mac-Mahon était en tête d'un brillant état-major; ne s'offrait-il pas de lui-même à la foule?

Rien ne s'est passé; le mystère reste mystère, tout est pour le mieux. Ce que l'on voit, ce que l'on sait, ce que l'on comprend, ce que l'on touche n'est presque pas intéressant en ce temps d'hallucination et d'aberration si complètes.

Je n'ai pas essayé de pénétrer à Notre-Dame, il fallait une invitation, et je ne suis guère une des privilégiées en quoi que ce soit des choses de ce monde.

J'ai vu le défilé d'une fenêtre. C'est d'une fenêtre que je comparais, me souvenais et songeais. Avant de rentrer chez moi, j'ai fait seulement un tour du côté du Parvis, malgré ma crainte et mon souci d'y rencontrer peut-être des figures officielles et protectrices de ma connaissance. Tout était terminé, du reste; le dernier coup de canon était tiré, on vendait sur la place : *l'ordre et la marche* ... avec une complainte que je ne puis résister à l'amusement pittoresque de transcrire :

GRANDE COMPLAINTE

SUR

LA MORT DE MONSEIGNEUR L'ARCHEVÊQUE DE PARIS.

(Air de Fualdès.)

I.

Écoutez, peuple fidèle,
Les lamentables récits,
Tous les malheurs de Paris
Et les souffrances cruelles,
Chacun pleure avec effroi
La mort de Monseigneur Darboy.

II.

Que d'innocentes victimes,
Que de prêtres égorgés,
Par des hommes enragés
Et tous avides de crimes.
Oui, l'histoire flétrira
Le massacre de ces prélats.

III.

A Mazas, à la Roquette,
Que de sang est répandu,
Des plaintes sont entendues ;
Et de tous côtés l'on répète
Qu'un crime affreux est commis
Sur l'archevêque de Paris.

IV.

C'est au pied d'une muraille
Qu'on met ces pauvres martyrs ;
Monseigneur, sans tressaillir,
Dit aux hommes sans entrailles :
La justice des tyrans
Arrive bien lentement.

V.

Dernières paroles de Monseigneur Darboy :

Ne profanez pas, de grâce,
Le saint nom de liberté,
Car vous l'avez effacé
Par vos crimes et votre audace.
Pour la liberté, la foi
Meurt l'archevêque Darboy.

O éducation des masses ! ô instruction du

peuple ! soi-disant progrès humain, combien il te reste à faire ! Depuis la complainte de *Geneviève de Brabant,* qui donc oserait dire que nous avons avancé ?

Pauvre monseigneur Darboy ! il a bien mérité l'auréole. Quel martyre que l'affreuse captivité qui précéda le sombre dernier acte ! Quel drame que cette prison en trois parties : Préfecture, Mazas, la Roquette ! Là ont été les vives souffrances, là ont pu être comptées par Dieu les pulsations de l'agonie suprême !

Et, à travers ces horreurs, je ne puis oublier, juste en face de l'Archevêché, un doux jardin bien fermé, bien ombreux, avec de grands arbres, une belle pelouse, des lapins qui couraient en liberté, sans compter de chères petites poules et des chats, où l'amitié toute simple, toute familière, toute charmante amenait souvent l'illustre et bienveillant voisin. Que de bonnes causeries évangéliques et fortifiantes ont été échangées là, à l'ombre ensoleillée de vieux tilleuls ! Les esprits les plus énergiques sont souvent les cœurs les plus attendris, ce sont toujours les âmes les plus aimables.

Et, ce matin, tandis qu'au passage du dramatique cortége je ressongeais tous mes vieux songes, il me venait lumineusement à la pensée l'image de ceux, réguliers, irréguliers, soldats, insurgés, civils, militaires, vainqueurs, vaincus, acclamés, déshonorés qui gisent par mille et mille obscurs et pêle-mêle dans les tranchées, dans les casemates, aux fosses communes, sans compter ceux que roule le flot des fleuves, ceux qu'ont recouverts à jamais les pavés hâtifs des barricades.....

Jeudi matin, 8 juin. — Ce malheureux peuple, conduit stupidement ou férocement à la boucherie, et à qui l'on peut mettre criminellement un fusil à la main, comme il vit et meurt dans l'enfantillage ! Rapproché de lui, affaire de pauvre à pauvre, d'échoppe à échoppe, de rue à rue, de mansarde à mansarde, le sergent de ville lui est particulièrement odieux. Le sergent de ville représente à ses yeux la loi, la surveillance, la police immédiate, la répression, la chambre correctionnelle : il ne peut le voir en face et met sur son compte toutes les vexations et toutes les barbaries.

Le gendarme, à un degré moindre mais considérable encore, participe de cette aversion, est aussi sa bête noire. Le gendarme ne fait pas seulement peur aux enfants, le gendarme terrifie la multitude ignorante. Aussi, dans cette période à jamais douloureuse dont nous sortons à peine, les fédérés voyaient-ils partout dans les adversaires de Versailles leurs ennemis intimes, des sergents de ville et des gendarmes. Ils avaient beau trouver devant eux — aux nombreuses escarmouches d'avant-postes — tous les uniformes connus, reconnus et traditionnels de la ligne (le peuple ne pouvait s'y tromper, car le peuple parisien est né militaire), ils ne voulaient voir partout, ils ne voyaient positivement de tous côtés que des sergents de ville *déguisés*, des gendarmes transformés en troupiers. Cette hallucination ne les a jamais quittés.

Illusion invétérée, bien facile, du reste, à comprendre ! Ayant chacun des frères, des cousins, des camarades dans l'armée, ils n'ont cessé de penser — jusqu'à la minute irrévocable de l'écrasement — que la force qui les domptait, les désabusait ou les enchaînait aux pied des barricades n'était point de leur famille, mais représentait la toute-puissante intervention des sergents de ville et des gendarmes, ces cauchemars de leurs insomnies.

Soir du même jour. — « *Les lâches ! il y en avait qui pleuraient !* » C'est ainsi, avec un sourire méprisant et tout-à-fait dégagé, que la jolie petite ***, aimée et recherchée de tout une cour, me racontait tantôt que quatre cents insurgés obstinés (1) — aux dernières barricades de Belleville — avaient été fusillés par son frère, je me trompe, par ordre de son frère, officier distingué dans l'armée. « *Les lâches ! ils pleuraient !* » Par quel renversement de sens moral, ô mon Dieu ! advient-il en temps de révolution qu'une charmante femme de cœur soit aussi insensible !...

« *Les lâches ! ils pleuraient !* » Ils avaient, au service d'une idée qu'ils n'ont jamais comprise, instruments et victimes de projets qu'ils ne s'expliquaient point, patriotes forcés ou égarés, proie du vainqueur ou du vaincu, mille fois déjà risqué leur vie, taxée au prix

____

(1) Forte exagération de chiffres, sans aucun doute.

honteux de 1 fr. 5o. Ils pouvaient se rendre, ils ont tenu. Les voici en face de mitrailleuses, ou à portée des feux de pelotons, alignés en rangs pour la mort. Ils ressongent à leur vieille mère infirme, à leur pauvre femme mendiante, à leurs enfants vagabonds et maudits, la vision leur revient d'un atelier paisible, d'une charrue abandonnée ; au dernier moment ils défaillent. « *Les lâches !* » dit une jolie femme, « *ils pleuraient !* »

On me dit avec raison qu'il y avait des repris de justice, des échappés du bagne dans ces gens-là. D'accord. Mais on me permettra bien de ne pas m'occuper de ceux-ci, quand je parle ; une femme n'est pas tenue de salir sa pensée de ces choses hideuses ; ma pensée à moi ne hante guère ces monstruosités abjectes des cours d'assises. C'est bien assez d'avoir devant soi le crime de l'émeute, sans évoquer encore d'autres sujets d'horreur !

Vendredi, 9 juin. — Et aujourd'hui c'était les obsèques d'une autre regrettée victime, d'un autre malheureux ôtage, c'était le service de M. Deguerry, curé de la Madeleine. Combien de fois cette sanglante dépouille martyrisée n'a-t-elle pas été déplacée, secouée et promenée? Que de stations dans ce Calvaire! La première fois où ce pauvre corps est sorti vivant, c'était l'arrestation à domicile; ensuite : Dépôt de l'ex-préfecture, Mazas, la Roquette, le Père-Lachaise, la Madeleine, Notre-Dame, et enfin, suprême et dernier retour à la Madeleine, sa chère église, de laquelle..... selon son prophétique désir, il ne sortira plus !

J'ai beaucoup rencontré dans le monde M. Deguerry, ancien curé de Saint-Eustache, où si souvent, hélas! pour les miens, s'est répété l'office des morts! M. Deguerry, très-recherché et invité, était une illustration parisienne. La dernière fois que j'ai entendu en chaire sa parole éloquente, facilement véhémente et passionnée, c'était durant le siége, le jeudi 3 novembre, à l'occasion d'une messe de charité pour les victimes de la guerre où fut exécuté, à la Madeleine, l'admirable *Requiem* de Cherubini.

Aujourd'hui, au son de la même musique qui enterrait les..... autres, les meurtriers !

aux accompagnements de ces mêmes fanfares démocratiques, sa bien-aimée paroisse
célèbre en grand ses funérailles. Affluence
énorme. Beaucoup de prêtres. Ils ont encore,
pour la plupart, la barbe qui les déguisait
et les défigurait durant la Commune. C'est
M. le curé de Saint-Germain-l'Auxerrois,
l'abbé Legrand qui officie. L'émotion de
chacun se lit sur les visages; chacun ras-
semble ses souvenirs et se retrace les
sombres péripéties de la tragique histoire.

Le recueillement de cette cérémonie ne
ressemble à aucune autre impression de ce
genre. Nous sommes plus que les assistants
d'un convoi, nous sommes les témoins d'un
drame.....

Samedi, 10 juin. — « *Si vous m'aviez dit
cela! que n'ai-je su cela!* » me disent et me
répètent sur tous les tons de protection les
rares personnes à qui je raconte mes difficultés, durant la Commune, au sujet des
prêtres-ôtages. « *J'ai tant de connaissances* »,
— continue chacune d'elles, — « *j'aurais*

fait intervenir les uns et les autres, j'aurais obtenu cela tout de suite..... »

C'est à n'y pas croire.

— Vraiment, mesdames, devrais-je oser leur dire, mais c'est votre condamnation que vous prononcez là! Comment! vous pouviez tout faire et vous n'avez rien fait! Puisque vous aviez autant d'influence, ce dont je ne doute aucunement, car, moi, j'ai bien peu de pouvoir, j'habite les sous-sols de la vie, je n'ai pas le moindre marche-pied sur la terre et je vous admire de très-loin sur vos éminences, comment ne vous êtes-vous pas servies de cette influence pour sauver le plus vite possible nos chers prisonniers? Leur épreuve la plus cruelle, au milieu même de leurs supplices, a dû être l'apparente indifférence de notre inconcevable inaction féminine. C'eût été une telle félicité pour vous-mêmes! Quand moi, qui représente un tel *zéro* dans la société, je n'ai point absolument échoué, que n'eussiez-vous réalisé, vous, avec votre autorité, votre rang, vos relations, votre baguette de fée dans ce monde, avec votre fortune, ce talisman suprême.....

— *Nota bene*. — N'incriminons personne. Elles étaient à la campagne, et les maris étaient dans des caves.

Samedi, 10 juin. — « *Marthe ! Marthe ! vous vous occupez à beaucoup de choses ! une seule est nécessaire !* » Oui, une seule chose est nécessaire pour nous, femmes : la bonté, la charité. Notre force est dans la puissance voilée de notre cœur. Nous devons soigner les blessés, nous ne devons pas, ô horreur ! infliger nous-mêmes des blessures. Ces brutalités sont de l'homme. Notre héroïsme, — pour nous servir de ce mot devenu trop commun de nos jours, — consiste à les empêcher, s'il se peut, à y remédier quand le crime est fait. Car c'est un crime que l'émeute ; la révolte à main armée, l'odieuse agression du chassepot n'est jamais justifiable. C'est là, selon moi, le plus grand forfait des chefs d'insurrection : de persuader à la masse ignorante qu'une raison armée d'un fusil peut représenter une cause juste, une revendication clémente et légitime. Le sens moral étant ainsi perverti, toutes les énormités deviennent possibles, et c'est avec stupéfaction qu'on lit ces lignes :

« A la défense de Montmartre, cent femmes ont résisté, à elles seules, au premier assaut des troupes de ligne. Plusieurs ont été tuées ou fusillées sur place, et les autres se sont repliées, d'abord place Pigalle d'où elles ont d'abord été délogées; le reste s'est enfui vers la barricade du boulevard Magenta. On vient de retrouver les trois dernières survivantes de cette lutte acharnée. »

L'entier accomplissement de son devoir — avec douceur — avec tolérance et bienveillance autour de soi — amène ce résultat : de faire douter les autres sur leur propre compte. — Si je m'étais trompé! doivent-ils dire. Jusqu'ici aurais-je fait fausse route?

C'est déjà un succès d'ébranler une croyance mauvaise...

L'intolérance des libres-penseurs est au moins aussi tyrannique et encore plus absolue que l'intolérance apparente de la foi : despotisme en bas, despotisme en haut. Ceux-ci ordonnent de croire; ceux-là ordonnent de ne pas croire; les uns visitent et sollicitent ma conscience, les autres y pénètrent et s'y installent de force. Aucune alternative n'est laissée à ma faculté de discernement; ils n'admettent point, ces anciens ou ces nouveaux apôtres, l'inclination naturelle de chacun, le devoir intérieur éclairé d'en haut, le choix loyal d'un esprit respectueux; oppression ou compression; laissez respirer ma prière! Ce choix, pour quiconque sent et pense, ne peut être du côté des athées, ces tristes fossoyeurs des âmes.....

L'intolérance des idées nouvelles est également exclusive et jalouse pour les sentiments et les choses de la vie.

Opinion d'une femme libre-penseuse qui me raille et me ridiculise sur ce qu'elle appelle mon impartialité incurable :

— Pourquoi, lui disais-je, m'empêcheriez-vous de rendre à chacun la justice qui lui est due, aux riches comme aux pauvres, selon le cas évident qui se présente? Pourquoi, de votre côté, ce parti-pris contre les riches, simplement parce qu'ils sont riches?...

— Parce qu'assez d'autres s'occupent d'eux, répondit-elle, les riches ne nous regardent pas : les riches n'existent pas pour

nous; nous n'avons, nous, à nous occuper
que des pauvres...

Avec les meilleures intentions généreuses
on arrive avec ceci à un catéchisme socialiste de préjugé, d'aversion et de haine.

Lundi, 12 juin. — « AUX RUINES DE PA-
RIS ! » Les trains de plaisir ont commencé,
Paris déborde de monde. La province cu-
rieuse, — et non fâchée, — vient voir la
capitale incendiée. Çà et là persistent encore sur les murailles de vieilles affiches
communeuses :

Ce soir, à trois heures.
PARIS LIBRE,
LE PILORI DES MOUCHARDS,
Journal politique quotidien.

MARDI PROCHAIN,
LA JUSTICE,
Journal politique et littéraire,
9, rue d'Aboukir.

Plus loin :

LE MOT D'ORDRE,
Par HENRI ROCHEFORT.

Paris libre ! Quel sombre plaisanterie ! quelle mystification sinistre !

N'importe ! ces derniers débris de papier, ces vestiges révolutionnaires non encore arrachés feront plaisir à nos touristes. Je ne doute pas que les jeunes miss lettrées n'en prennent note sur leurs carnets dorés, n'en fassent part dans leurs prochaines missives à leurs bonnes amies d'Angleterre, qui jalousent bien un peu ce voyage fantaisiste.....

Les *ruines de Paris !* Quelle attraction ! Songez donc ! ces deux mots-là : *Paris détruit* s'accordent si mal ensemble !

Les photographes qui prennent des vues de nos misères vont sûrement faire fortune. On emportera sans aucun doute — comme souvenir — bien des petites pierres volcaniques, tout ce que l'on pourra détacher en petits cailloux noirs ; mais on ne manquera pas d'acheter toute la série des vues ; car, visiter en détail chaque ruine et chaque décombre mènerait loin le voyageur.

Et puis, hélas! hélas! on raccommode déjà, on gâte ces splendides horreurs. Le Parisien n'entend rien aux beautés saisissantes des grands désastres. On a hâte, chez nous, de plâtrer les trous et de badigeonner les murs. Vous n'avez pas plutôt quelque chose d'imposant qu'il faut le ratisser, l'arrondir et le déformer. Partout des échafaudages! Toutes les maisons ont des emplâtres, en attendant qu'on les peinturlure. Le Parisien n'est pas artiste ; il est gamin, ou il est bourgeois, le sens du pittoresque ne lui est jamais venu. Voilà ce magnifique décor d'Hôtel-de-Ville — relique admirable s'il en fut — déjà emprisonné de palissades !......

C'est à désespérer de son pays. Les sauvages, j'imagine, sont moins pressés de redresser leurs huttes quand la foudre du ciel ou quelque vent terrible a tout jeté par terre.....

Heureusement qu'une vraie ruine, — non défigurée, — reste telle qu'elle est pour les amateurs. Je parle de la colonne Vendôme.

La Colonne est tellement une légende qu'on y va..... même absente. On veut en voir la base, le support, la place, le mausolée, les écailles, les tronçons, la poussière. On va *où était la Colonne*. Le fétichisme de la campagne pour la colonne Vendôme aurait dû faire réfléchir ses détracteurs, je me trompe, ses démolisseurs.....

Nuit du 13-14 juin. — Cette nuit, entre minuit et une heure, singuliers roulements d'omnibus sourds, lugubres, étranges, auxquels on ne peut se méprendre quand on les a une fois entendus; ce sont, à travers Paris, des déterrements de morts.

Ce bruit lourd du charroi des morts ne ressemble en rien au bruit alerte des voitures vivantes; un poids inconnu semble enfoncer en terre les chargements funèbres.....

Quelle succession de bruits depuis près d'une année ! Le moins épouvantable était encore celui du bombardement prussien qui trouait nos demeures. Ce bruit d'obus, que je croyais incomparable, n'était qu'une musique innocente à côté de ces derniers bruits. Le plus navrant, le plus inoubliable a été — entre Panthéon et Luxembourg — le bruit nocturne, tout une semaine, des feux incessants de peloton, ces rapides décisions de la justice humaine.....

Oui, l'on déterre cette nuit les morts tout de suite et n'importe où enterrés. La population est supposée endormie. Bienheureux, oh! oui, bienheureux ceux qui dorment! L'affreuse besogne s'imagine être silencieuse, comme elle s'imagine être sans témoins. La pioche découvre sourdement les pavés, enlève sourdement les cadavres et recouvre sourdement les grand trous. Une lanterne fumeuse éclaire vivants et morts. Les travailleurs disent peu de mots : « *Y en a-t-il encore? Est-ce bien tout ? Dépêchons-nous.* »

Je reconnaîtrai à jamais les places; ma pensée pose sur chacune d'elles une prière...

De station en station s'accomplit la tâche hâtive; les squares offriront demain matin une terre fraîchement remuée, comme bêchée par des jardiniers invisibles. Les omnibus, une fois complets, la file funéraire — long convoi sans cortége — se rejoindra

pour verser avant le jour leurs voyageurs
muets aux cimetières...

Jeudi, 15 juin. — Je détache des différents
journaux d'aujourd'hui cette lettre dont la
forme est assurément inventée, mais dont
l'idée est absolument vraie pour quiconque
connaît à fond l'indifférence politique du
bourgeois parisien. Un locataire quittant
Paris le 18 mars, après l'affaire des canons
de Montmartre, laisse par écrit ses instructions à sa concierge :

« Ma chère madame Dupont,

« Tout bien considéré, j'aime mieux, après
« vous les avoir expliquées, vous laisser par
« écrit mes instructions en ce qui touche la
« façon dont vous devez vous comporter en
« tout événement pendant mon absence.

« D'abord vous garderez vous-même la clé
« de la cave, qui contient du vin et du bois
« et celle de mon appartement; dans une
« salle à manger vous trouverez sur la table

« trois rouleaux qui sont ainsi numérotés :
« n° 1, n° 2, n° 3.

« Si les émeutiers viennent faire une barri-
« cade rue Sainte-Apolline, près de la mai-
« son, vous ouvrirez le rouleau n° 1, et, pre-
« nant le drapeau rouge qui y est contenu,
« vous l'attacherez au bâton que j'ai moi-
« même ficelé au balcon; il y a des agrafes
« à l'étoffe, vous n'aurez qu'à les accrocher.

« Si les émeutiers menaçaient mon appar-
« tement, vous leur diriez que je suis très-
« connu pour aimer le peuple et que je leur
« offre de l'eau-de-vie pour trinquer à ma
« santé et du bois pour faire du feu, la nuit,
« dans la barricade.

« Si la barricade venait à être prise par les
« Versaillais, vous ôteriez vivement le dra-
« peau rouge et mettriez immédiatement le
« drapeau n° 2, qui est tricolore; vous offri-
« riez du vin aux soldats et vous leur donne-
« riez du bois, s'ils bivouaquaient dans le
« quartier.

« Si les Prussiens se mêlaient de l'affaire,
« vous cacheriez les drapeaux n°ˢ 1 et 2 et ac-
« crocheriez vous-même le n° 3, qui est un
« drapeau prussien.

« Vous donneriez du vin de Champagne et
« du bois.

« Je ne crois pas devoir vous en dire da-
« vantage et je vous salue.

« Signé : L. D. »

Samedi, 17 juin. — Un cortége de cinq ou
six prisonniers passait aux Champs-Elysées;
je regarde, songeuse. Un garde national d'a-
vant-hier, brave homme d'ordre s'il en fut,
regardait aussi. Il s'avance près de moi en ricanant :

« *C'est de bonne prise, n'est-ce pas?* » fait-il.

« — Je me demande », lui dis-je, « d'où
ils viennent et où on les mène. »

Je comprends la bataille, la fièvre affreuse
de l'affreux combat; je ne comprends pas, à
l'heure sévère de la justice, le ricanement de
la galerie.

Je voudrais en ce moment habiter la lune
pour ne pas rencontrer ces processions si tristes; mais puisque, hélas! je suis ici, et puisque,
hélas! j'ai mes deux yeux, je ne puis échapper
au spectacle. Je vois un autre prisonnier, rue
Châteaudun, près de l'église Notre-Dame-de-

Lorette; c'est un vieillard à cheveux blancs; sa figure n'est que rides; il pleure, la foule dit : « Misérable! »

A deux pas de là, comme on se sert de tout chez nous, en guise d'actualité attrayante, je lis sur une enseigne, rue Saint-Lazare, 90 :

Au Phare pétrolien.

Aujourd'hui est décidément un jour de prisonniers. Comme je rentrais chez moi, j'en croise quelques-uns encore qu'on dirigeait vers la gare Montparnasse.

Un curieux de trottoir dit à l'un de ces fédérés qu'on emmène :

« *Bonjour, hein! tu ne fais plus ton malin!* »

L'individu interpellé répond tranquillement :

« *Bonsoir, vieux! tu y viendras aussi.....* »

Lundi, 19 juin. — C'est maintenant qu'il faudrait, déposant ses prétentions personnelles, abdiquant ses vanités réciproques, faire du journalisme un intermédiaire de paix, de bonne entente et de concorde. Le pays est malade, il faut sauver la France, sans préoccupation de jalousies étroites. Que diriez-vous de médecins appelés en consultation et ne s'occupant que d'eux-mêmes? Cette image me vient à l'esprit, parce que c'est la représentation trop exacte de nos luttes quotidiennes. Chaque feuille s'escrime à décrier la feuille voisine, oubliant totalement sa cliente et sa cause. Le *Siècle* raillera l'*Univers*, l'*Univers* confondra le *Pays*, le *Pays* attaquera le *Temps*, le *Temps* réfutera les *Débats*, et voilà comment, avec désintéressement et dignité, nous servons la cause populaire.....

..... Et voici que je tombe dans le travers commun : l'horizon aussi s'est rétréci pour moi, nos affaires toutes seules m'intéressent, on dirait qu'il n'y a plus que nous au monde. Parce que le vent brûlant d'été nous rapporte chaque soir les senteurs âcres des incendies, nous ne voyons nos impressions qu'à travers les torches livides de la Commune; nous ne regardons plus le soleil qui luit avec sérénité pour d'autres. Le mot d'un riche voyageur me revient en mémoire : « *On riait singulièrement de vous à l'étranger* », me disait-il tantôt.

On riait de nous !

Je feuillette mes notes de commencement d'année, entre Siége et Commune, et je rencontre celle-ci qui semble une raillerie nouvelle : « L'ambassade chinoise, dont on a annoncé l'arrivée en France, est en ce moment à Bordeaux, où elle vient apporter au nouveau gouvernement de la France les offres de réparation du Fils du Céleste-Empire pour la sanglante injure faite à notre pays par le massacre de Tien-Tsin. »

Qu'est devenue cette ambassade, et où en est la réparation promise?

Mardi, 20 juin. — Oui, inconsciemment, fatalement, pour l'esprit, comme pour le corps, se respire l'atmosphère qui nous environne. N'entends-je pas tous les jours et à toutes les heures dans la rue siffler par les hommes, chanter par les enfants l'air funèbre des convois d'insurgés, et cela sans préméditation aucune? Durant le siége les hommes sifflaient — aussi inconsciemment — l'air de la *Marseillaise,* et les enfants, ces cruels imitateurs, jouaient avec leurs petites charrettes *aux blessés d'ambulance...*

Je m'explique ainsi la différence incurable, la séparation inouïe des esprits de Paris et de ceux de Versailles : ceux-ci ont respiré l'air de Versailles, ils ont raison; ceux-là ont respiré l'air de Paris, il n'ont point tort. J'ai fait aujourd'hui une rapide course versaillaise, et j'ai retrouvé à l'adresse des vaincus, des condamnés, veux-je dire, les mêmes inconscientes cruautés qu'il y a deux mois, proférées aussi naturellement, avec la même douce musique d'accent et de regard, par de ravissantes lèvres roses :

... Et quelles figures! quelles hordes! quand, avenue de Paris, nous arrivaient ces brutes de prisonniers, avec leurs vêtements en désordre, leurs mines hagardes, leurs mains noires et sales!...

Mais, gentille Edmée, mais, chère Alice, comment vouliez-vous donc qu'ils vous arrivassent? En tenue de bal, avec des gants blancs? Est-ce qu'il y avait un seul riche parmi eux?

Ce soir, comme j'allais à la gare, j'ai rencontré un fédéré amené de Paris, entre deux gendarmes. C'était un paysan joufflu, très-surpris de son personnage. Blouse d'ouvrier, chapeau de meunier, il portait à la main, dans un mouchoir à carreaux, toutes ses hardes et semblait tout joyeux en promenade d'agrément.....

Mercredi, 21 juin. — Deux coupures de journal :

« On avait annoncé récemment qu'on venait d'arrêter aux Batignolles le caporal du 88ᵉ de ligne, qui avait commandé le peloton d'exécution chargé de mettre à mort les généraux Lecomte et Clément Thomas. Le véritable chef de ce peloton d'assassins a été saisi, il y a quelques jours, à Orléans. Il se nomme Charles Lagrange, est originaire de Poitiers, et âgé de trente-quatre ans. Ancien soldat au 2ᵉ régiment de zouaves, il exerçait depuis sa sortie de l'armée la profession de commis marchand à Paris et avait été élu lieutenant dans la garde nationale. C'est en cette qualité qu'il remplit l'abominable mission de donner le signal du lâche massacre qui inaugura l'insurrection du 18 mars. Lagrange a lui-même révélé son crime, étant en état d'ivresse, et, revenu à la raison, il a confirmé ses aveux. »

Combien de fois n'a-t-on pas arrêté le *véritable* chef de ceci, le *véritable* auteur de cela? Où sont, en effet, les vrais assassins? Dans ces accès de fureur atroce, quand c'est le moment lui-même, l'air tout entier qui est fou et assassin, toutes les mains qui sont là semblent être assassines; toutes les pensées, noires de poudre, semblent être criminelles. O conducteurs de peuples, directeurs de l'esprit des masses, prévenez avant l'explosion ces démences féroces, empêchez tout acheminement à ces déchaînements sauvages, défendez la révolte, retenez la folie !

« On relevait, à Neuilly, les débris d'un immeuble de la Grande-Rue. Après quelques coups de pioche, une odeur fétide s'échappa des décombres. Les autorités furent mandées. On continua les travaux de déblaiement, et on mit bientôt à découvert soixante-dix cadavres de fédérés dont la mort remontait à un mois au moins.

« Selon toutes les probabilités, ils étaient dans cette maison quand elle s'est effondrée par suite du bombardement. Ils se trouvaient dans une des salles du rez-de-chaussée, et, au craquement qui précéda la débâcle, ils se pressèrent vers la porte : c'est là qu'ils furent écrasés pêle-mêle. »

— Ceci est une des mille actualités du jour; telles sont, hélas! nos découvertes! Aucun besoin de commentaire.

Vendredi, 23 juin. — J'ai failli être tuée tantôt par la chute d'objets d'un déménagement opéré d'une fenêtre. Ceci se passant en plein jour, ce n'était pas un déménagement ordinaire.— C'était, du haut de l'entresol d'un magasin, parmi les bâtiments du nouveau tribunal de commerce, le déménagement expéditif de tout une fabrique de brancards, de drapeaux et de croix d'ambulance, jetés brutalement et pêle-mêle dans de grandes tapissières, avancées jusque sur le trottoir. Ces brancards étaient neufs, ces drapeaux et ces croix n'avaient jamais servi. La création de cette fabrique importante, d'un détail considérable, remontait aux derniers jours du siége, lors de la fièvre de souscription des canons. Le besoin semblait

se faire sentir d'un nombre illimité de civières...

On va faire du feu de toutes ces choses,
à moins qu'on n'en fasse des soldats de
bois, des brouettes et des jouets d'enfants.
On ne peut pas dire : *È finita la comedia!*
Hélas! la pièce était trop lugubre! Si seulement on pouvait dire : Il est fini, le drame!

Samedi soir, 24 juin. — Premier apaisement que j'aie éprouvé depuis toute cette
guerre : j'ai vu enfin d'honnêtes gens non
passionnés qui, tout en flétrissant et exé-
crant les atrocités suprêmes des derniers jours,
n'englobaient pas tout le pauvre monde dans
leur mépris et plaignaient les malheureux
entraînés, égarés, inconscients, stupides. Oui,
j'ai vu enfin aujourd'hui une honnête femme,
une pieuse femme, chez qui la vertu n'ex-
cluait pas la pitié et qui, causant avec moi
des innocents fusillés dans la bagarre, a
consenti à dire : *Les pauvres gens !*

Jusqu'ici la violence des modérés avait
pour expression habituelle ce que l'homme
d'ordre, zélé négociant et père de famille, ***,

réfugié d'abord dans ses caves, parti ensuite dans un tonneau, sauvé sous un bonnet de femme, revenu après triomphant, me disait de sa voix de stentor mardi soir, en pleine rue du Quatre-Septembre : « Moi, j'aurais voulu trois morts pour chacun de ces misérables ; la mitrailleuse était trop douce ; j'aurais voulu pour chacun d'eux la guillotine, l'écartèlement, l'étranglement. » (Textuel.)

Dimanche, 25 juin. — Je vois dans les journaux : « Le *général délégué à la préfecture de police* croit devoir recommander aux personnes qui veulent voyager à l'intérieur ou à l'extérieur, d'avoir à se munir d'un passeport. »

Le *général délégué à la préfecture de police !* Ne croirait-on pas être encore aux beaux jours de la Commune ? Les formules sont restées les mêmes ; on retrouve le cauchemar affreux.

Lundi, 26 juin. — J'ai encore eu affaire dans ce quartier lamentable et à jamais taché de crimes de la Roquette. Encore une fois j'ai passé devant la mairie du onzième arrondissement, cette mairie de sinistre mémoire. Des brancards de rebut étaient encore à la porte; ceux-ci, hélas! avaient servi. L'un porte encore une marque de tète; ce rouge sang, devenu noir, me rappelle la sombre civière jetée aux ordures et oubliée tant de jours devant mes fenètres. En voici une autre recouverte de toile cirée; même ici les traces horribles n'ont pu s'effacer....

Il faisait autour de moi un de ces silences qui semblent interrompre l'activité humaine et plongent dans l'infini la pensée immobile. Les arbres du square désert, brûlés et noirs, sous un ciel houleux couvert de nuages, donnaient un aspect fantastique à la mélancolie de cette solitude.

En redescendant la longue rue, je vis des cordons de sentinelles; des perquisitions avaient lieu dans les maisons détruites; on entendait parmi les ruines résonner le pas des soldats, et des tètes apparaissaient au travers des brèches calcinées. Croit-on trouver des hommes, où des corbeaux tout seuls demeurent? Au n° 13, une enseigne est restée intacte et comme suspendue dans le vide, au milieu de l'effondrement voisin : *Fabrique générale de soufflets.* Sous ce déchaînement d'incendies, à travers ces tempêtes humaines plus formidables qu'aucun vent d'orage, entre ces flammes furibondes, passions et haines attisées, que dites-vous de cette ironie ?

Mardi, 27 juin. — « Que pensent de toutes ces choses ces deux sphinx immobiles ? » Ainsi me disais-je tantôt devant la figure de pierre des deux sphinx des Tuileries, restés, sous le déluge de feu, témoins impassibles et intacts dans leur fixité de mystère et de songe. Et, presque aussi songeuse que l'énigme muette, j'atteignais, tête baissée, la rue de Rivoli, lorsqu'une voix me tira de mon rêve :

— Que pensez-vous de toutes ces choses ? me demandait en me saluant quelqu'un.

C'était Auguste Barbier, qui méditait aussi. Depuis longtemps je n'avais vu personne. Les uns et les autres étaient partis ; les rares intrépides qui n'avaient pas fui veillaient, chacun chez soi, à leur sûreté menacée. Cette voix ressuscitait un vieux monde, il me sembla revoir de chères ombres disparues ; il est donc vrai, nous sommes vivants !

Nous causâmes beaucoup, nous causâmes de la prodigieuse crédulité du pauvre peuple, de l'audace, étonnée d'elle-même, de la minorité factieuse, renversant, pour son triomphe d'un jour, toute loi, toute autorité, toute règle. Je dis *l'audace étonnée d'elle-même*, car ils ne croyaient pas à leur succès durable, les chefs improvisés du mouvement ; aucun ne se faisait illusion sur ce gouvernement galvanisé, mais non viable. Nul des acteurs de l'étrange parade ne prenait au sérieux la responsabilité de son rôle, et tous se suspectaient entre eux.

« Le dégoût me prend, disait Vermorel, au milieu de tant de sottise, de tant de prétention, de tant de lâcheté. Le parti est perdu. L'idée communale était bonne, mais nous n'avions pour la servir que des imbéciles, des fripons ou des traîtres : instruments vils ou ridicules. Point de caractère, aucune bonne foi, rien que des personnalités grotesques ou monstrueuses; de vraies pantalonnades. Je n'espère en rien, je ne crois en rien de ce que je vois et de ce qui m'approche. »

On sait la parole de Vermorel s'élançant sur une barricade : « *Je ne viens pas pour me défendre, je viens pour me faire tuer.* »

Il s'est fait tuer.

De ce jugement sévère, porté dédaigneusement entre soi par les membres éclairés et désabusés de la Commune, je rapproche ce fragment d'une lettre personnelle, appréciation d'un esprit honnête, convaincu et triste :

« ...... Je pensais que vous aviez probablement quitté Paris, car vous n'êtes point dans cette lutte, vous, autrement que pour en souffrir. On n'y connaît plus que des *partis*. Hors le peuple qui se bat, les hommes qui la conduisent (la majorité) sont détestables ; mais la cause est grande, et cela suffit à qui met sa foi au-dessus de sa personnalité — *pour qui a la foi, bien entendu.* »

Cette conversation de tantôt, ces noms de vivants ou de morts un moment réveillés, me font refeuilleter ce soir, dans ma solitude, quelques figures de la Commune : album curieux plus tard, pour quiconque évoquera cette histoire ! Et puisque nous causions de Vermorel, relisons mes notes — seulement indiquées — sur son portrait :

« Ce n'est point par ce que Vermorel a pu jadis écrire de malin ou de satiri-

que sur mon compte dans le *Courrier français*, fantaisie à laquelle, du reste, je n'ai
jamais répondu, non plus qu'à aucune autre, que je le jugerai, et ce n'est guère à
cause d'un ressouvenir que je n'ai pas
gardé que j'irai nier l'intelligence évidente
de cette physionomie studieuse. Vermorel
aussi est mort ; bien ou mal, à tort ou à
travers, consciemment ou inconsciemment,
il a fait sa tâche : la besogne de sa vie
est remplie. Je gagerais qu'il y avait dans
cette nature une ténacité excessive, une du-
reté à soi-même, une acceptation de travail et une volonté peu communes. Le
mécontentement se lit dans ses traits, ce mécontentement qui se traduit en haine de
la société, de la part des ardents déclas-
sés. Au moins, comme Flourens, comme
Delescluze, celui-ci a été au danger : il en
est mort. La parole qu'on lui attribue sur
l'un de ses ex-collègues, Félix Pyat, est bien
amère : « *L'homme qui pousse et l'homme qui
fuit…..* »

La lâcheté! Après la défaite, quand, vaincus de la même cause, on avait droit pour
se sauver ou se cacher de compter les uns

sur les autres, quelle volte-face ! Quel recommencement éternel des mêmes pusillanimités invincibles ! Quoi ! ces leçons, toujours les mêmes, seront-elles donc toujours perdues ? « Je ne vous connais pas ! » dit le flatteur de la veille au banni du lendemain.

« Ceci dépasse toutes nos misères, disaient de vieux insurgés, en apparence les plus endurcis et les plus insensibles, et pleurant alors à chaudes larmes. Autant mourir sur une pierre. C'est à qui nous fera prendre ! Un mouchoir oublié par nous ferait peur : on dénoncerait ce mouchoir ; on jetterait aux gendarmes notre sac de nuit, on ferait arrêter nos savates ! »

Hélas ! vous tous ! vous avez donc vécu les yeux fermés, que vous vous étonnez de ces choses ? C'est ici, ne vous en déplaise, que vous ressemblez aux monarques ! La Commune est morte : à bas la Commune ! Quoi donc ! innocents porteurs de panaches, croyiez-vous donc encore à votre cour pompeuse, maintenant que ces tristes panaches, hier si fringants, sont par terre ?

Mais revenons à mes portraits qui, eux aussi, font triste mine.

Voici Flourens. Cette figure est un caractère. Gustave Flourens est né révolté. Oui, il a pu, dès ses plus jeunes ans, s'appliquer ce vers d'un contemporain :

Je suis né, je mourrai parmi les révoltés.

L'œil est inquiet, ardent, visionnaire. La fièvre s'est logée dans ce front, a plissé le nez, agité la lèvre. Flourens n'a dû respirer largement que dans l'émeute. Où se trouvait la révolution, que ce fût en Grèce, que ce fût en France, que ce fût en Asie, que ce fût en Europe, Flourens était là. C'était sa mission. Fils tumultueux d'un père impassible, Gustave Flourens, le général Flourens, devrais-je dire, a ressuscité chez nous le bouillant Achille. Aussi est-il maigre, nerveux, toujours vibrant de tout son être. Mais au moins celui-là était-il courageux : la flamme d'action ne le quittait pas. Au 31 octobre il était là ; au 22 janvier il tenait le premier rang ; et, dès l'aurore de la Commune, dans ces tout premiers jours d'avril où fleurissait l'épaulette, il donna tellement carrière à son humeur belliqueuse qu'il fut massacré à Chatou, d'un coup de sabre de gendarme.

Parmi toutes les folies qui étonnèrent d'abord, qui épouvantèrent ensuite, cette ardeur certainement héroïque se détache avec relief de cette physionomie entreprenante et aventureuse.

Passons à une autre, un contraste.

Paschal Grousset, dont il a si fort été question dans la triste affaire d'Auteuil (10 janvier 1870), ce qui l'avait tout de suite désigné aux faveurs des sommités communales, a été le joli cœur, le héros romanesque et l'Adonis de la troupe. Comment a-t-il jamais pu atteindre les proportions d'un conspirateur? Je vois sur cette image un souci de moustaches, une recherche de coiffure, une coquetterie de cravate, une habitude de roulements d'yeux et d'œillades assassines, qui déconcertent tout-à-fait ce que j'aurais pu jadis penser de cet homme politique, à la lecture de ses articles français-corses et au récit de ses emportements de témoin dans le fâcheux procès de Tours. Il n'est pas sans quelque ressemblance avec Arthur Arnould, l'Arnould jeune, quand celui-ci n'était que littérateur humoriste, censément employé de l'Hôtel-de-Ville. Ce jeune brun semble plutôt fait pour danser des polkas audacieuses que pour siéger avec la grande écharpe rouge sur les chaises communales de la préfecture ou pour diriger, avec le père Gaillard, le tumulte peu stratégique des barricades. On l'a, paraît-il, arrêté sous un déguisement de femme; cela m'étonne; à l'exception des moustaches dont il a dû faire douloureusement le sacrifice, cette figure molle et parfumée est essentiellement féminine. Encore une âme qui s'était trompée de corps. Comment la police, sous cette tournure si naturelle de femme, a-t-elle pu reconnaître un garçon?

Malgré l'étude toute particulière où m'entraînerait — entre autres — la figure *fusionniste* de Babick, le visionnaire et l'illuminé, je ne puis continuer ma revue de Commune. D'autres figures passent dans ma pensée et me voilent ce que j'ai sous les yeux. Ce sont les figures des ôtages : la belle tête du président Bonjean, si énergique et si sereine, avec son auréole d'admirable droiture; le noble visage, clément et résigné, de l'archevêque; les physionomies vives et chevaleresques des jeunes dominicains d'Arcueil..... Ainsi le rêve vient toujours recouvrir la vie.....

Mercredi, 28 juin. — Les conseils de guerre vont fonctionner. Quel bonheur de n'être que femme, c'est-à-dire de ne rien être! Car il va falloir être inexorable, il va falloir et juger et punir. La plupart des meneurs ont pu se sauver, c'est le menu peuple qui s'est laissé prendre; et les irresponsables, abandonnés, auront à payer pour les responsables sains et saufs.

Cet abandon des chefs de file est la conclusion prévue, immanquable de toute émeute. Mais cela devrait-il être? Personne ne tient donc à honneur de soutenir sa cause, au moment seul où elle devient respectable, c'est-à-dire quand elle est périlleuse? « Allez-vous-en, vous autres, auraient dû dire à leurs niais complices, comparses de la pièce, les gens un peu fiers de la Commune. C'est nous qui avons conspiré, c'est nous seuls qui devons périr! »

Et nous, femmes, nous qui avons horreur du crime, nous avons pitié des misérables, quelle que soit la couleur des partis. C'est absurde peut-être, mais c'est ainsi; une femme qui n'a point de pitié est une fausse femme. Après la bataille sanglante qui a dé-

solé et déchiré nos cœurs, après la stupéfaction des lâchetés égoïstes, nous ne pouvons sans épouvante envisager pour l'avenir
les exils, les déportations, les pontons, ces
dénouements infaillibles, inévitables des guerres civiles!

Oh! il faut empêcher que ces malheurs reviennent! Nous ne pouvons pas, nous, femmes, ne pas être navrées! Nous ne pouvons
pas, nous, femmes, ne pas plaindre ceux qui
souffrent, ceux qui gémissent! Qu'on nous appelle du nom qu'on voudra, c'est notre politique. Nous supplions ceux qui sont quelque
chose dans la vie, ceux qui peuvent quelque
chose dans notre pauvre pays de France, de
prévenir à jamais le retour de pareilles folies.

N'aigrissez plus les esprits, n'irritez plus
les passions, n'envenimez plus les consciences, n'attisez plus le feu des haines! Il faut
déjà un grand effort de raisonnement pour
se convaincre qu'on est ennemi entre différents peuples, comment se persuader qu'on
est ennemi entre Français, dans la même
ville, sous le même toit, au milieu des mêmes humiliations, des mêmes ressouvenirs,
des mêmes deuils et des mêmes tristesses!

Vendredi, 30 juin. — Sous l'impression de mes pensées d'hier, j'ai gravi aujourd'hui les buttes Chaumont; j'ai traversé, sous un ciel gris, ces solitudes il y a un mois si populeuses! Des jardiniers bêchaient la terre; on les eût pris pour des fossoyeurs; il faut combler les trous, niveler les bosses, rappeler les fleurs exilées. Peu de promeneurs; seulement, par petits groupes, des touristes, armés de longues-vues marines. Les docks de la Villette fument encore. L'imagination reconstruit facilement l'entier panorama de l'émeute. Partout, de grands trous d'obus, des murailles écorchées ou noircies. Une rage expirante s'est efforcée là.

Des enfants jouent dans les champs vagues, çà et là renflés d'épaisseurs suspectes. Par les brèches de clôtures, où passaient et sifflaient des balles de fusils, ils font passer et repasser leurs balles élastiques. Les maisons d'alentour sont désertes. Plus bas, en redescendant vers Be leville, voici sur la place une foire; eh bien! oui, cela vous étonne? une foire, des baraques, et un théâtre, et des musiques, et des chevaux

de bois, et des saltimbanques. Tout cela
tourne, crie, boit, jure, grince, lance une
ritournelle, vend des mirlitons et paraît
content.

J'ai trouvé en rentrant chez moi des lettres découragées : « *La civilisation française
est terminée* », m'écrit-on de toutes parts.
Je n'admets pas qu'on entonne ainsi le
De profundis de la France. La preuve que
la France est robuste, c'est qu'après une
aussi terrible maladie, elle n'est point morte.
Il faut être vigoureusement constituée pour
surmonter des crises pareilles. La France
vit toujours! Vive la France!

Que demandait, à l'unanimité, durant le
siége, la population tout entière, soldats
et bourgeois : Des chefs! des chefs! nous
manquons de chefs!

Que les chefs de l'intelligence, de la pensée, de la plume et de la parole prennent
en main la direction morale du pays! Au-
paravant de servir au peuple les aliments
substantiels que sa faim d'esprit réclame,
écoles et livres, donnons-lui le goût et
le désir des bonnes choses. La maladie ne
peut être traitée efficacement sans la parti-

cipation du malade : relevez les caractères,
avant de relever les institutions!

Je n'admets pas non plus qu'on méprise
comme on le fait et qu'on découronne de
son titre la pauvre capitale. Paris a tant
souffert que la pénitence doit être finie.
Toutes les fibres de la France se rattachent
à la grande ville; la paralyser, c'est partout
arrêter la vie!...

Pour un banni — prince ou prolétaire —
qu'est-ce que rentrer en France, sinon rentrer dans Paris, la chère capitale? Cette
soif du pays absent, cette joie du pays retrouvé, cette ivresse du retour, cette bénédiction du sol natal, c'est le rêve, le regret,
l'attente, la passion de la patrie dans la patrie. Ce n'est pas à Lille, ce n'est pas à
Grenoble, ce n'est pas à Bordeaux, ce n'est
pas à Rouen, à Brest, à Lyon ou à Quim-
per qu'on revient aimer et posséder la belle
France; c'est à Paris qu'on accourt, malgré
les ruines, malgré les explosions, malgré les
haines, malgré les injustices, les dangers prétendus, la désertion des uns ou l'inquiétude
des autres. On n'est chez soi qu'ici. Ainsi un
enfant revient à sa mère... chez sa mère!

Ne désespérons pas! Les égarés qui ont passé par tant d'épreuves et qui ont, si cruellement, expérimenté de nouveau la trahison et l'incapacité de leurs pareils, auront l'esprit attentif aux exhortations pacifiques d'autres maîtres. La souffrance rend humble et assoupli; à côté de l'erreur qui tue, il y a la vérité qui fait vivre. Persuader au pays qu'il doit croire en lui, c'est déjà l'aider à renaître.

Le voyageur, en marche pour un pays lointain, voyant qu'il s'est trompé de route, revient sur ses pas et, résolûment, quittant le chemin mauvais, reprend le chemin véritable.

Ne désespérons pas! *Sursùm corda!*

Souvent un simple pli de terrain dérobe le plus beau paysage: un détour, et vous aurez l'entier spectacle. Ainsi dans la vie: un effort de plus, et la victoire sera gagnée. Vous n'avez rien obtenu et vous pouvez douter de tout succès, tant que vous n'avez pas atteint l'extrême hauteur de la montée. Jusque-là, — comme à mi-chemin des montagnes, — tout est chaos, obscurité, abîme. Quels que soient les obstacles franchis, quelles

que soient les haltes qui vous attirent, quelque découragement suprême qui vous sai-
sisse, un peu de volonté encore, quelques
derniers pas de plus, et, au moment où
vous désespérez de tout, la perspective de
lumière et d'espace se déroulera magnifique.
Là est la paix, là est le repos. Il y a quelquefois si peu de distance et une barrière
si mince entre l'accablement et le réveil, entre la défaite et la victoire! Tout-à-l'heure,
au bout du défilé affreux, le voyageur sera
dans l'extase; il ne lui manquait que d'af-
fronter ce dernier passage : l'air libre lui est
rendu, le soleil inonde la campagne, tous les
oiseaux du ciel chantent sur sa tête!

Ne désespérons pas! *Sursùm corda!*

LE PUY. — TYP. ET LITH. MARCHESSOU